比起喜歡自己
我有更多
討厭自己的日子

厭世、躺平也沒關係，擁抱陌生自我的 111 個接納練習

내가 좋은 날보다 싫은 날이 많았습니다 :
완벽하지 않은 날들을 살면서 온전한 내가 되는 법

邊池盈 변지영／著
簡郁璇／譯

我以為，悲傷就等於我這個人，
但那只是我的一部分，並不是全部……
窺探過去不認識的自己，
雖然陌生，卻很高興見到的自己。
我的模樣，一天比一天更清晰。

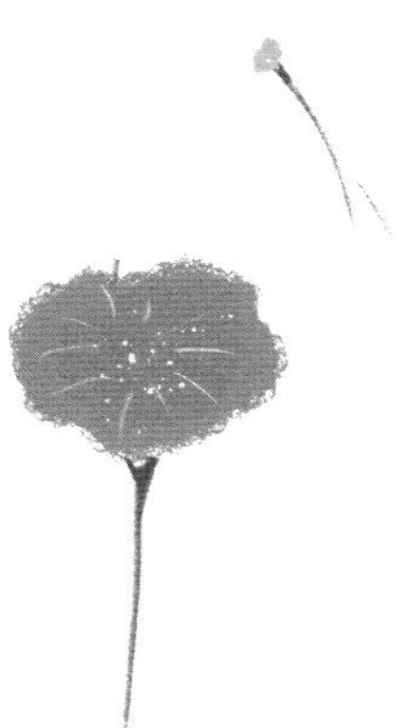

目錄 CONTENTS

第二章 與自己和平共處的方法

第四章 欲望來自於外界

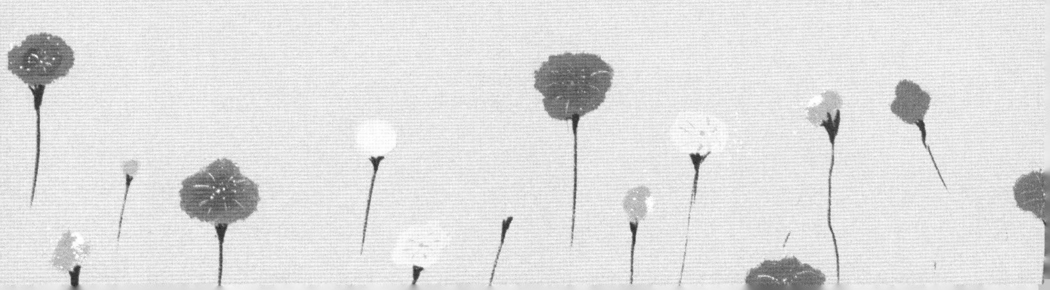

第六章　不再為意志費心

好評推薦

「接納自己，不是完美；相信自己，全然美麗毫無瑕疵。」

——王雅涵，心理師

「自己好像沒那麼好，似乎也不怎麼糟糕。我們愛的到底是怎樣的自己？誠然地接受與擁抱，真實且帶點瑕疵的完整自己，你將發現生活會顯得更愜意。」

——王意中，王意中心理治療所所長、臨床心理師

「愛自己，愛的是什麼樣的自己？你敢凝視自己嗎？看到自己真實的樣子，還能擁抱你的一切嗎？對我來說，一個人可以哭可以笑、可以生氣可以悲傷、可以恨可以愛、可以任性可以知道何時收手、可以講理可以有情緒、可以認真可以休息、可以做夢可以挽起袖子去做、可以有姿態可以彎腰，他／她就是健康的。」

——艾彼，作家、諮商心理師

「接納是所有心理療癒的起點，是選擇睜開眼，接受它是身體的一部分，無論好壞，一起面對。」

——劉仲彬，臨床心理師

「自我疼惜源自於自我接納，是一個比硬碰硬還要更有力量的狀態，值得你我一起來培養。」

「剛開始，我快速地翻閱這本書精心挑選的佳句，之後卻逐漸放慢速度，開始細細吟味。『當你持續做某件事，迫切的心才會於焉產生。』我停止思考，為了好好地活一回而採取行動，就像這本書所言。」

——蘇益賢，臨床心理師

「『愛自己』，是一句讓人完全無法理解的話。對長久以來活在自我乾旱的我來說，這本書猶如一場初夏的及時雨。作者的文體如此簡潔溫柔，直到闔上書頁之際，『我會更愛自己』的信心猶如雷陣雨般從天而降。在這個逐漸走向一人社會的時代中，一位來得正是時候的心理學家誕生了。」

——李多慧，韓國作家、記者

——金知秀，韓國媒體 ChosunBiz 專欄記者

前言

接受討厭自己的部分，才是完整的自己

「我以為我是我，但當我不是我的時候，我是妖怪；你以為你是你，但當你不是你的時候，你是妖怪；我們以為我們是我們，但當我們不是我們的時候，我們是妖怪。」

這是韓國文學評論家金炫寫在日記中的一段話。我將這幾句話反覆讀了許多遍。「以為是自己」或「以為很像我自己」是怎麼辦到的呢？我們是以什麼為基準來判定「到這裡為止是我」以及「從這裡開始不是我」？

在每個人體內有許多部分，我們會把值得拿到他人面前炫耀、自認為還不錯的面向表現出來，把羞於見人或巴不得它能消失的面向藏到後面。另外還有些面向，是我們不想承認它是自己的一部分，因此絲毫沒有意識到它們的存在。

別說接納這些面向了，我們根本不想承認它們的存在，但是當不自在的感覺緩緩湧現時，我們不禁急忙逃跑，就像一旦察覺老虎的存在，小鹿便會拔腿逃走。假如能夠將體內所出現的不快、疙瘩、不安、憂鬱等負面感覺，輕而易舉地取出來，人類老早開發出這樣的技術了，很可惜的是，這種方法並不存在，所以人們最常選擇的方法即是迴避或視而不見。

當心情開始陷入低潮時，現代人會不自覺地拿出智慧型手機看影片，或者打開電視，大口大口地吃起東西。我們會想起令自己不高興的人，指責、埋怨那個人，並在腦中上演一齣大快人心的復仇劇；又或者打電話給朋友，藉由抱怨自己的遭遇來轉移注意力，並試圖確認「有問題的人不是我」。這些行為，都是為了快速消除「發生在身上的負面經驗」所採取的戰術。

可是逃避久了，沒有解決任何一件事情，不是更容易感到疲乏嗎？許多人處於正面情緒時，會覺得自己過得很好；產生負面情緒時，就會覺得人生過得很糟。時間久了，他們沒有餘裕去檢視不快或不舒服的內在經驗，反而是拚命尋找能盡快消除、減少負面情緒的辦法。每一次，他們都需要轉換心情，並為了延長那短暫的逃避瞬間而不停奔波。

心理諮商與冥想，即是練習在過去忽視的負面內在經驗上停留，不去壓抑或亟欲擺脫它，而是與之共存，去承受不自在的重量與質感。長期進行這種練習能獲得三種好處：

1. 你不必再試圖控制。當負面情緒產生時，不必甩開它，只要放著不管，你就會逐漸明白，只要任由它來去就行了。那麼，就算憂鬱或不安朝自己襲捲而來，你也不必費力去戰勝它。

2. 不會再用想法覆蓋情緒，而是能透過經歷完整的情緒，以全新的觀點看待人生。因為心理的柔軟性增加，碰到無法控制的情況或衝突的局面時，也會擁有能夠順利解決事情的餘力。

3. 經由這個過程，你對自己的理解會加深，也能和自己建立更深的連結。

如果不正面突破逼近眼前的負面情緒，就無從了解自己。

我們多半以為，已經知道關於「自己」、關於「他人」或關於「我們」的一切，所以無法虛心求教。但是，對於「人」這個瞬息萬變的存在，我們如何「已經」知道呢？我們雖然嘴巴上會說「我是什麼樣的人」、「他是什麼樣的人」，但那都是對於過去的分析。你以為自己了解某人的想法，或許不過是早晨飄落的一根髮絲罷了。無論從何種意義來看，我們都絕對無法了解自己、了解他人、了解我們。

許多人為了尋找人生目的而徬徨，但在尚未與自己建立深度連結的狀態下，不可能發現人生目的或意義。因為尚未與自己建立連結的人，也無法和他人、世界建立連結，只能四處游離，最後感到彈性疲乏。

這本書是一本帶領你探索、邂逅內在多元面貌，將其加以整合、建立深度連結的人生旅程指南書。企盼能有一句話在你的心中點燃火花，也希望不再有人因為折磨自己而夜不成眠，我帶著這樣的心情寫下本書。但願各位讀完這本書後，能找到關於這個問題的答案：

什麼是我，什麼又不是我？

第一章 我，不是自己認識的那個人

描述世界是什麼樣子，
並認定它就是現實時，
那並不是真正的現實，
而是你對自己的想法。

——鈴木俊隆，日本僧侶

1

只有我能擁抱自己

我們總希望能喜歡自己，想要自己看起來光鮮亮麗，卻常常對自己感到不滿意。原因是什麼呢？

我們期望有人能看到自己真實的那一面，認同我、無條件地愛我，並且為了尋找那個「對的人」而虛度許多光陰。明明連自己都沒辦法正視自己，卻期待有人能代替我接受自己的一切，所以才會不斷重複對朋友、戀人、配偶及家人產生期待，而後又大失所望的過程。我們四處尋找能帶來歸屬感的聚會或團體，只為填補自己的匱乏，確認存在感。由於欲望沒有形體，期待感如無根的浮萍，渴望也因此不見盡頭。

一旦被「渴望」欺騙，就會誤以為它是真的，但只有放下期待感，才能看清楚真相。當你相信外界的人事物比自己更好，或認為你身上有著無法解決的缺陷，就不會回過頭來看看自己。

我們並不是遲遲沒遇見「對的人」，而是因為，能夠比你更了解你不知道的自己、代替你擁抱自己視而不見的一切、無條件地去愛你所討厭的自己，那樣的人並不存在。

當你能清楚認知到這點，目光會轉向哪裡？

從外界的其他人，轉向你自己。

2 定義我是個什麼樣的人

人們經常說，認識自己是很重要的事，所以會進行像是性格測驗等各種心理測驗，藉此蒐集關於自己的資料。是這樣嗎？還是那樣呢？我們試圖用幾個字眼或特質來整理、分析自己，但光憑幾個字眼和幾句分析來做自我總結，對自己的理解和掌握就到此結束了嗎？假如知道了自己是何種類型，也將生活中多數問題的原因都釐清了，內心卻仍有疙瘩，或碰到難以抒解的情緒，又是為什麼呢？這表示我們還需要了解更多嗎？

我是什麼樣的人，所以和周圍什麼樣的人很合得來，又和什麼樣的人合不來，我的個性是如此，喜好是如此。我們習慣用幾個字眼和幾段話來解釋自己，同時不自覺地遺忘或排除不一致的資料。想必沒有人會在自我介紹中寫下：「沉著冷靜，又輕率莽撞，懶惰又勤奮，外向又內向」。我們通常會偏好把關於自己的資料統一成一個方向，唯有這樣才覺得掌握了自己，要預測或控制未來的行動也會變得比較容易，尤其我們會想突顯正向的一面。

儘管如此，我們身上仍舊具有「不一致」或「不正向」的部分，它們依然活在你的體內。

反而是坦然接受這點，光是這樣就能減少內心的動搖。

所謂的人生，並非永遠是漆黑無光的冬夜，也不會永遠是光芒燦爛的夏晝，人生的季節與天氣，會依據我所經歷的溫度而有變化。

你不覺得，往後的時光很令人期待嗎？

3

自尊感低，只是部分的你這麼想

「我很懶惰」，意思其實是「我身上有懶惰的部分」。

「我很容易嫉妒他人」，則是「我體內有嫉妒他人的部分」。

這兩種情況，都是因為身上擁有把「懶惰」和「嫉妒」視為問題的其他部分，我們才會說自己懶惰或善妒。

假如你是個澈底的懶惰之人，你就不會察覺懶惰的存在，也就不會視其為問題；倘若你的雙眼被嫉妒澈底蒙蔽了，陷入嫉妒的你連自己易妒的一面都不會察覺。

艾克哈特．托勒（Eckhart Tolle）[1]曾說：

「我腦中聽見的聲音不是出自我。那麼，我是誰呢？我是覺察這點的人。」

說出「我是什麼樣的人，我有什麼樣的問題」，本身已經顯示出該「問題」只是自己的一部分。無論任何特質，都不等同於全部的我。那麼，除了顯露出來的「問題」之外，我身上的其他部分又是如何呢？在我們探索內在各個部分時，這成了一個非常好的提問。

1 當代知名心靈導師，著有《當下的力量》、《當下的覺醒》等書。

無論任何特質，都不等同於全部的我。

那麼，我身上的其他部分又是如何呢？

在我們探索內在各個部分時，

這成了一個非常好的提問。

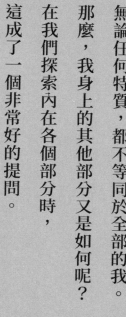

4

歧視你的人，其實是你自己

基本上，我們身上同時具有自己喜歡的面向，也有討厭的面向，我們都想在他人面前呈現好的一面，至於羞於見人的部分，則會嘗試隱藏或當作不存在。這種判斷與歧視，會導致你與自己之間很難有深刻的連結。你一方面期望父母、朋友或另一半無條件地愛你，卻在面對自己時加諸了各種愛的條件。

當你試圖消除或抹去自己的某個部分時，就無法在他人面前呈現真實的自己，而且會感到彆扭和痛苦。你努力隱藏某個部分，生怕被揭穿，而變得戰戰兢兢。所以，平時你在大家面前會綁手綁腳，消耗許多力氣，人際關係最終會令你感到吃力、不自在。

唯有正視自己，才能正視他人與世界。對自己內在的各種面貌進行優劣評價，也就很難去愛他人真實的樣子。明明喜歡自己的某些部分、討厭某些部分，卻期待某人能無條件地接受自己、愛自己，這種事是不可能發生的。

5 如何面對自己的每個部分？

當我產生某種情緒、欲望、想法、信念或感受的時候，它們基本上都來自於部分的自己。感到孤單或悲傷、因思念某人或討厭看到某人而煎熬、猜測那個人為什麼做出那種舉動、一時無法克制情緒而脹紅了臉、因思緒雜亂而頭昏腦脹……這些經驗都只是出於部分的自己，並不是來自「整體的我」。

你並不是憂鬱的，只是擁有憂鬱的部分罷了；你並不是被羞恥心所填滿的，只是體內有感到羞恥的部分罷了。喜歡或討厭某人的情緒，也同樣來自於某個部分的你。

無論為了多麼強烈的情緒所苦，你都必須知道，那些都不是來自你的存在本身或真正的自己。只要記住這個事實，即便偶爾經歷嚴重的失落、悲慘的感覺，或產生令自己痛苦的想法，也都能有效地處理它們。

6 想確認自己的存在感

來諮商的個案K說，當自己在會議上發表的見解不被接受時，他提議會議就此結束，日後再召開。他說，自己會在這段時間內讓想法更臻完善，做好迎戰下次會議的準備，只要重新提出兩三次主張，整個專案基本上就會按照自己的想法進行。

他之所以如此執著於自己的見解和觀點，是因為將之視為自己的存在，把他花費許多時間、精力準備的想法和計畫當成了自己的一部分。

聽著他的故事，我領悟了一件事：**正如同他執意想在公司確認自身的存**

在，我也同樣地在諮商過程中，想透過對他提出建議來確認我的存在。但為什麼我們非得透過什麼才能確認自己的存在呢？

7 同時是敏感的人，也是遲鈍的人

在這世界上，敏感的人和遲鈍的人並不是截然不同的兩類人，只不過是每個人敏感的部分不同，又或者表現出來的方式不同罷了。

即便看起來不太正常，一個人會產生任何反應都必然有它的原因。想要準確地洞悉你的言行舉止、做決定時的根本意圖或動機，就必須理解這些部分。我們必須檢視自己內心敏感的部分，以及試圖遮掩或保護敏感部分的時候，又是其他哪些部分拉高了音量、迴避或隱藏起來。

當我們理解內心有哪些部分，並且看見它們之間的關係與脈絡後，這時才會幡然醒悟——為什麼我當時只能那樣做；那人明明不是壞人，為什麼我會感到不舒服；為什麼我去那個地方就會心生退卻；為什麼見到媽媽後，內心經常會升起一把無名火；為什麼突如其來地對孩子大吼；為什麼無法持之以恆，老是在圈子外打轉……。

8 越敏感的部分，越要豎耳細聽

「他們是在說我嗎？」

時常苦惱自己個子矮的人，會穿上高跟鞋，也會挑選讓自己顯得高䠷一些的衣服，為了克服個子矮的問題，時時花費心思。自然而然地，只要出現與「身高」有關的話題，就會把注意力集中在那上面，就算別人說的不是身高，他也很可能會認為是跟自己有關。只要有人不經意說出「身高」這個話題，他就會氣憤地說：「是故意講給我聽嗎？」或者因無謂的自卑感而表現出畏縮的樣子。

為了避免顯露出自己敏感、脆弱的部分，過度緊張和煩惱，時間久了反而更容易被該問題牽絆。只要稍微碰觸到問題邊緣，就會像要爆發般神經兮兮，可能是自己感到羞愧的部分、受他人評價而變得敏感的部分、因生氣而暴飲暴食的部分、因忍耐多時而情緒爆發，最後搞砸關係的部分等。但無論是哪個部分，問題都不在於它本身，反倒是討厭、輕視它的存在，試圖抹除或阻斷它時，會使自己更加痛苦。

只要身上每個部分都能獲得尊重，減輕其過重的負擔並取得平衡，那麼任何部分都不會構成問題。因此，假如你對自己身上的某個部分恨之入骨，或者想抹去它，就代表你並沒有充分了解那個部分存在的意義和角色。

越是自己不滿意的部分，越需要深入檢視，尊重那個部分扮演的角色，理解其意義並心懷感激，我們才能和每個部分和平共處。

9 我的弱點告訴我的事

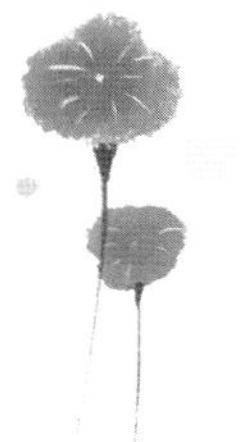

就如同組成一個社會的眾多弱者，一個人的內在也擁有許多關於他們弱點的資訊。時時對內心敏感脆弱的部分抱持尊重與感謝之心，有助於培養出「不逃避的態度」。所有部分都具有其角色和存在意義，我們可以將它們視為完成自我的一塊拼圖。

現在還很難理解自己的情緒和行為也沒關係。這就像是孩子期望的並不是媽媽的理解，而是媽媽的愛；孩子想要的，不是父母有多了解他，而是無論自己是什麼樣子，父母都不會加以指責或評論，並接受他原本的樣子。「整體的我」必須扮演媽媽，又或者好朋友的角色，公正不阿、和藹可親地對待內心所有部分。

假如你對自己得到稱讚或肯定的部分感到自豪，卻憎恨脆弱不足的部分，對兩邊大小眼，那麼在對待他人時也會給予差別待遇。如此一來，受到差別待遇的對方也會對你產生條件式的愛，以及經過算計的好感。**歧視會帶來歧視。**

想要接納他人原來的面貌，就必須先全然接納自己內心的所有部分。不舒服的情緒、討厭的感覺、負面的想法……無論是什麼，只要能夠傾聽內在所有的聲音，那麼你體內的所有部分就會和你組成一個團隊。它們會告訴你珍貴的情報，替你引領人生的方向。

人生的目標、意義無法在外面尋找，我們應該徵詢的不是專家、知名人士或權威，而是你內在的弱者。**當你內在的弱者能夠引領你的人生時，人生的目標就會變得清晰鮮明，你也會明確地知道往後該如何生活。**

你身上的那些部分都很清楚，去問問它們吧。

所有部分都具有其角色和存在意義，
我們可以將它們視為完成自我的一塊拼圖。

10
如果見不到手中的水桶

無論再怎麼口乾舌燥，要是無法覺察自己手中已經提著水桶，那麼口渴的症狀就只能持續下去。渴望他人的認同和愛的人也是如此。**明明你的手上已經有能夠止渴的水了，你卻想向他人要水。**當他人分你一滴水時，或許能消除一時的口渴，但很快地，就會再次被著火般的口渴所折磨。

因此，靠著填補渴望的方式，只會令自己寸步難行。去傾聽你體內那個最迫切的孩子說話吧。別試圖去解決，而是清空心靈，耐心地傾聽它想說什麼。

所有重要的事物均已存在於你心中，而不是由外界所賦予。你已經具備了一切，只是尚未覺察罷了。

11 晾乾溼氣的陽光不在外面

對於長期感到孤單的人來說，某些東西猶如溼氣般存在著。他們認為，自己身上有著無法被陽光照射到的陰暗角落，但是，在他們人生中累積的溼氣不過是習慣而已，並非本質。

我們總說，愛自己要比愛他人更困難，但我們高喊著愛並奔向他人的行為，是因為相信外面有能晾乾溼氣的太陽，我們期待他人能成為自己的太陽，接著又在失望、爭吵、受傷之後逐漸疏遠。但其實，我的溼氣必須靠我的光芒來晾乾，而我的光芒，早就已經在我的家中。遺忘自身光芒的人，會在外面尋找溫度，只要明確知道這點，就再也不會在外面徘徊遊蕩。我們會明白，認為自己不夠好、有問題、有創傷，或有所欠缺，都只是一種錯覺，驚人的轉變會出現。

雖然我從事諮商工作，卻從不認為人可以治癒人。任何人都沒有治癒他人的權力或能力，能夠拯救自己的，就只有自己內在的「光芒」。令人吃驚的是，每個人的那道光芒早已經盈滿充足。我們會對自己感到不滿的原因，在於暫時遺忘了自身的光芒。諮商師是親身體驗每個人身上光芒的人，也是共同參與這趟旅程的夥伴。

無論是書籍或專家的建言也都是如此。如果不希望外部的建言變成無謂的空談，就必須懂得和自己體內飄浮不定的想法有所連結，加以整理。**鞏固自身的心靈支柱，只能靠「自己」。**

我的溼氣必須靠我的光芒來晾乾，
而我的光芒，早就已經在我的家中。
遺忘自身光芒的人，會在外面尋找溫度。

12

靜靜擁抱我的內在小孩

即便溫暖的光芒輕撫悲傷、晾乾溼氣，也不意味著悲傷、害怕、憤怒或恐懼就會澈底消失。雖然依舊停留在原地，卻是與光芒同行。「同行」，僅僅意識到這點就不一樣了。

舉例來說，我的體內有個約莫五歲的小女孩，她充滿了悲傷。我無法看見那個小女孩的鼻子和嘴巴，只能感覺到她畏縮、恐懼的一雙眼睛。小女孩的眼神傳遞到我身上，剛開始我可能倍感壓力，也可能感到迷茫，但解決方法卻意外地簡單，就是不對小女孩視而不見，別去逼迫她，也別叫她停止，而是靜靜地擁抱那個孩子；別處心積慮地隱藏，或試圖克服孩子的存在，而是陪著她一起往前走。

13

沒有誰「本來就是那種人」

話語不僅單純地說明現實。
說出口的瞬間，話語會同時創造出現實。
所以，我們必須非常留心用什麼樣的字眼來定義自己。

「本來就是那種人」是不存在的。
你為自己貼上的標籤，很快就會變成你。

14 想得到更多喜歡的事物

隨著經驗的累積、年歲逐漸增長，內心對於事物的好壞評價也跟著與日俱增。我們希望能得到更多喜歡的事物，並消除或迴避討厭的事物，所以無法全然接受眼前的一切。我們會因為得不到想要的東西而痛苦煎熬，也會因為無法消除不想要的東西而陷入苦惱，當不舒服的情況持續久了，我們就會開始尋找原因。

例如「是因為過去有過那種經驗，現在我才變成這樣？」「是因為沒有從父母身上獲得完整的愛，所以我才變成這樣？」「一定是因為沒有考上好大學才這樣，當初應該重考的……。」「只要能進更好的公司、賺更多錢，事情就會好轉。」「是我遇到了怪男人，只要下次遇到好男人就沒事了。」諸如此類的理由。

但這些只是片面的判斷與片面的解決之道，所以樣貌不同、本質卻相似的孤單會反覆上演。該怎麼做，才能中止這種孤單無止境地發生呢？

首先，我們必須停止尋找「歸咎的原因」。

15 弱點不是靠克服，而是靠理解

「只要克服這一點，我就會完美無缺了。」「為什麼相同的痛苦總是反覆發生，看不見盡頭呢？」許多人帶著這種煩惱度過一天，並在與他人比較、進行評判與不滿之中度過許多時光。

把痛苦或考驗理解為自己的不足，老是試圖去克服或改變，就越容易把自己的缺陷或脆弱之處視為問題，竭力想消除它們。一旦發現弱點怎樣都不會消失時，就把它視為必須摘除的腫瘤般恨之入骨。

但越是自己討厭看到的那一面，就越應該以溫暖及親切待之。接受它與自己共存，帶著好奇心去檢視它，反而會獲得驚人的情報。人生中沒有什麼真的可以克服的事情，可以做的就只是解讀謎團罷了。

深入檢視黑暗的意義、痛苦的理由，你就會明白，自己本身就已經是完整的，沒有必要費心去克服它，只要理解就已然足夠。

將自己掏空、直視深處的自己，這件事並不容易，但具有嘗試的價值。假如你很認真地奮鬥打拚，卻感到很空虛，不知道自己為什麼而活；假如你為了尋找人生目的或目標而徘徊；假如你持續提升自我，卻時時感到焦慮不安；假如你無法從過去的經驗走出來，持續在原地打轉；假如你心知肚明卻又無法做出改變，那麼現在就該捫心自問。知道答案的人就只有一個人，那就是你，你應該親自去弄清楚，而不是倚靠專家或權威人士。

答案已經在你心中，只要你親自開口探問、仔細傾聽，它就會展現給你看、說給你聽。在你體內的眾多部分會開始說話。當體內的所有部分都有生命與呼吸，沒有一個部分遭到冷落時，我們就能和自己建立深刻的連結。那時，我們的心靈之窗也才會向世界徹底敞開。

16 對自己抱持溫暖的好奇心

每當諮商療程結束，和一位又一位的個案告別時，心情總像是參加畢業典禮，感覺我們是對方的老師，也是學生。無論諮商過程進行得再順利，離別時總會留下遺憾，因為彼此原本在一個固定時段是最為親近的關係，如今卻要分道揚鑣，走上各自的路。

在最後一次諮商時，我會再次提醒對方：「請無條件地溫暖對待自己。就算現在無法理解自己體內的所有部分，但只要先選擇信賴、傾聽並耐心等候，那些部分就會把自己的故事說給你聽。」如果試圖消除、抹去或迴避自己身上某部分的想法、情緒或經驗，只會導致自己逐漸遠離它們。當你用溫暖的擁抱將它們全部摟在懷中，就能自行理解、整合它們，真正的變化也會於焉發生。

這並不是要你去刻意愛自己、喜歡自己，其實也沒必要這麼做。自尊、自豪不過是一時的錯覺，你沒必要追求海市蜃樓。正如同松鼠、兔子不會努力去愛自己，人類也只要活出充實的生命就行了。只不過，人類擁有會對自己進行判斷、評價與思考的大腦，所以如果用在錯誤的地方，就會一輩子苛責、折磨自己。把自己當成敵人，卻向其他人乞求愛的人何其多啊！

看不到自己身上已經充滿陽光，卻在外面尋找光芒，所以我們會心生動搖。為了充分體驗自身璀璨的光芒，我們需要的，是對自己抱持真正的好奇心。想**避免對自己進行評價，想看到自己原本真實的面貌，只要抱持溫暖的好奇心就足夠**。只要帶著憐憫之心，把自己視為暫時寄居在地球上的一個生命就夠了。唯有具備「每個人都很努力地在痛苦中求生存」的普遍認知，才不會陷入扭曲的自我陶醉或自我貶低，而真正的慈悲心也會油然而生。

17 我所知道的我，再也不是我了

包括史蒂夫．賈伯斯在內，許多美國人開始禪坐或冥想，都是受到鈴木俊隆[2]很大的影響。將日本的禪宗修行法推廣至世界的鈴木禪師曾說：

「有一天，你會看著自己，忍不住呵呵笑個不停。當你看著自己露齒而笑時，其中蘊含了領悟。」

有一刻，你會明白，至今為止所相信的一切、所付出的努力，全都只是虛像或徒勞無功。這時，人們會看著自己呵呵笑個不停，因為對這一切感到無話可說。

我曾有過兩次這樣的經驗，第一次的感覺像是自己的後腦杓被巨大的棍棒「砰」地撞擊了一下；另一次則像是所謂「茅塞頓開」的感覺，上下左右徹底翻轉，世界看起來截然不同。那一刻我始終掛著笑容，但回首時發現，當時我應該碰上了一個心理的轉捩點。一旦經過那種轉捩點，自我意識的狀態也會出現重大變化。

我所知道的我，再也不是我了。

---

2 日本僧侶，將禪宗思想介紹至西方的重要僧人，著有《禪者的初心》等書。

第二章 與自己和平共處的方法

允許自己有個徬徨不定的寬敞空間吧，
唯有在「沒有名字之處」澈底徘徊之後，
你才能找到屬於自己的方式。

——娜塔莉・高柏（Natalie Goldberg），
美國禪修作家

18

若想要澈底休息

嘴上說著療癒、休息、稍作停頓，許多人卻依然沒辦法休息的原因，在於被「關於自己的想法」所束縛。想要獲得真正的休息，我們就應該放下「我是什麼樣子，我做得好不好，往後我該做什麼」，這些「關於自己的想法」。

要從關於自己的想法中掙脫出來，最好的辦法就是專心致志。無論事情或大或小，都全心投入在此刻眼前的事情上。

和某人見面時，就專心與那人見面；如果正在填寫文件，就把全副心思放在文件上；走路時就全心全意地走路，吃飯時也全心全意地吃飯。偶爾，則試著吸氣與吐氣，仰賴呼吸來休息。什麼都不做是不可能的，當你呆呆地坐著時，想法仍會衍生其他想法。因為即便是靜止不動的瞬間，你也仍在呼吸，心臟仍在跳動，體內的無數細胞也仍辛勤地活動著。看電視、玩遊戲或旅行不能算是休息，苦惱著做或不做某件事本身，就無法成為一種休憩。

當你的雙腳穩穩地踩在此地此刻，站在瞬間的流動之上，與之合而為一時，你才得以休息。因為最折磨人的，往往都是關於自己的想法。

19 無法忍受自己的病

英國精神分析學家比昂（Wilfred Bion）曾說：

「無法忍受疾病本身，即是最嚴重的病。」

我想把這句話稍微修改一下。

「無法忍受自己本身，即是最嚴重的病。」

20

話語真正的意義

有一名個案被主管批評和斥責後，內心痛苦不已，於是來尋求諮商師的協助。他說：「我的自尊感很低，只要被他人批評或收到負面的反應，整個人就會崩潰瓦解。」但這其實和自尊感一點關係都沒有，也不是性格方面的問題，這只是因為沒有把他人說的話聽清楚。

當組長說：「你到底要修改幾次？就不能一次做到位嗎？做事仔細一點！」這句話包含了三個訊息。

「一次就把事情做到位。因為你出錯了，我要幫你修改很累，拜託做事仔細一點。」

但是，有很多人會把這個訊息聽成這樣：

「你是一無是處、沒用的人，你沒有價值，是個失敗者。」

沒有把組長的話聽清楚，就自行認定「哦，所以你是說我在這裡一無是處啊」的人，很快就會陷入自我瓦解的窘境，或因為被批評而大為光火，甚至開始擔憂「現在我應該換什麼樣的工作才好，以後該怎麼生活下去？」一旦被不安的想法壓制，就很難甩掉那個想法，不安也會日漸膨脹。明明組長就只是說「做事要仔細」而已。

當然主管說的這番話可能很不客氣，又或者令你感到委屈，但只要正確掌握對方說的話和真實的情況，就能減少無謂折磨自己的狀況。

21 老是對自己做的事失去信心

個案Ｈ認為「無能」比什麼都丟人、比什麼都可怕，這和她母親帶給她的印象有關。她的母親經營了一家餐廳，一輩子馬不停蹄地工作。Ｈ認為，母親不分晝夜地辛勞工作，自己也不應該休息，因此從小開始，無論讀書時能不能專心，她都會像被釘在書桌前一樣，乖乖坐好。她經常打瞌睡，接著醒來繼續讀書，最後又在書桌前睡著。母親把獨生女Ｈ視為人生唯一的希望，因此非常在意她的課業成績，只要成績稍有退步，整張臉就會垮下來，悶不吭聲。當母親冷冰冰地轉過身時，Ｈ就會產生自己可能會被拋棄的恐懼感。

雖然充滿好奇心的H也想要嘗試各種事物，但只要想起母親，她就無法分心去做其他事情。她持續地回想自己令媽媽失望的瞬間，不斷地自我鞭策，直到大學畢業、求職之後也一樣。母親對於H沒能進入更好的公司感到惋惜，對此產生愧疚感的H則是不斷強迫自己成為更有能力的人。

許多年輕人都有過類似H的經驗。他們的父母馬不停蹄地努力工作，一輩子背負著義務感生活，而他們能報答父母的方法，就只有提升學業成績。可是，成績並沒有和努力成正比，最後他們也沒考上讓父母開心的好大學。雖然找到了工作，卻對工作不怎麼滿意，而且也興致缺缺，導致他們認為自己一事無成。小時候明明是「令爸媽驕傲的聰明孩子」，但不知從何時開始，標準卻離他們越來越遠，就像是遙不可及的夢。為了不落後於其他人，他們減少睡眠，忙著提升自己的能力，但「這些算得上什麼」或「就算這麼努力，又會有什麼改變？」的空虛感卻三不五時地襲來。

只要想到未來，就會感到茫然不安，因此持續嘗試新事物，可是很快地又半途而廢，這是因為動機或目標不明確，再加上自己認為繼續做下去，也無法保障有什麼收穫。一開始覺得「是這個嗎？」於是像個拚命三郎般埋頭苦幹，熱度卻只維持了三分鐘；接著又覺得「這次我很確定！就做這個吧！」並緊抓不放，但這件事也如沙子般迅速從手中流失。總是對自己做的事情缺乏信心，總覺得不能什麼都不做，卻又不確定能不能開始做某件事，又或者該不該持續做下去嗎？

如果只是在這些想法之間徘徊，無論怎麼做，都無法獲得足夠的滿足感，無論怎麼做，也無法擺脫缺乏信心的不安感。

總覺得不能什麼都不做，
卻又不確定能不能開始做某件事，
又或者該不該持續做下去嗎？
在這些想法中徘徊，都只是在折磨自己罷了。

22 批評與防禦的惡性循環

為了理解人類的行為，心理學持續研究有關人類動機的各種觀點。有時，我們為了獲得什麼，或者促使某件事實現，採取「接近」的策略；有時則為了躲避或避免失去什麼，採取「迴避」的策略。我們可能會走向喜歡的人，邀對方一起喝杯茶，也可能為了避免對方對我的好感度降低，聚焦於不做出令對方討厭的行為或犯下錯誤。

哥倫比亞大學心理學教授托里．希金斯（Tory Higgins）認為，即便具有相同的目標，也可能會根據情況而採取接近或迴避的策略，這時，把焦點放在接近的行為稱為「促進定向」（Promotion focus），相反地，把焦點放在迴避的行為則稱為「預防定向」（Prevention focus）。

根據不同的情況而有不同的焦點是很正常的，但希金斯的「調節定向理論」（Regulatory focus theory）的重點在於，每個人習慣採取何種焦點，會有各自的差異。也就是說，傾向於把焦點放在達成或實現目標的人，以及傾向於減少損失或傷害的人，會根據不同的線索而產生動機。

舉個簡單的例子，傾向促進定向的人會為了擁有健康的身體或姣好的身材而運動，傾向預防定向的人則會為了避免生病或變胖而運動。促進定向的人，內心主要帶著肯定句的目標（為了達到某事），預防定向的人則可能想著否定句的目標（為了避免某事）。為了避免被批評、避免被罵、避免自己顯得寒酸落魄、避免被別人比下去、避免造成他人麻煩等，假如你經常不自覺地想到這些訊息，就可以說是傾向預防定向的人。

個人主義社會鼓勵大家建立個人的標準與價值，並以尊重個性與差異的教育方針為主流，因此傾向促進定向的人可能會增加。反之，在集體主義社會中，強調社會標準與價值，事先界定脫軌行為與處罰，把無法融入群體的人視為問題人物，如此一來，傾向預防定向的人必然會增加。

當然，這並不代表促進定向都是好的，預防定向就全然是壞的，根據情況的不同，兩者都是必要的。當過度缺乏彈性的預防定向占上風時，問題就會發生。**因為內在標準不明確，在過度努力中疲勞的人，就經常採取批評與防禦姿態**，難以容忍小事，且容易大發脾氣，在批評的行為背後，隱藏著「如果不這樣做，就會遭受損失或被無視」的恐懼。當有人來搭話時，就事先預想對方會說出不好聽的話、指責或批評，這樣的模式成了韓國社會的常態。

23

想走出自己的路

向韓國人詢問他的人生目標是什麼時，許多人依然會回答：「做別人做的事，像別人一樣生活。」

窺探「別人」如何生活的地方即是網路和社交網站，但是在那些地方，卻充滿了等著被肯定「我這樣過得很好吧？」的展示性人生，以及戴著優越面具的人。追求平均值的人生，追求普通人心目中海市蜃樓的人，則為了掩飾自卑感，於是和戴著優越面具的人進行比較，數落著自己的不足。他們為舞臺上的表演者瘋狂，有時認為自己和對方平起平坐，有時慨歎著沒有自己發揮的舞臺。

個人與社會越是不安，預防定向就越活躍。最低限度的安全、預防損失、社會合作的義務和責任也漸趨重要。眼前都發生戰爭了，當然就不可能去談自我實現和夢想。人要感到自身是安全的，才有辦法往前進。在思考人生目標和理想樣貌之前，首先必須處於足夠安全的情況。當父母總是認為子女必須比別人好時，孩子就會把焦點放在自己是不是表現得比別人差，而不是這件事對自己重要與否。過度執著於輸贏與能力的人，會對他人的聲音很敏感，因此聽不見自己內心的聲音。一心把焦點放在不受到損失的結果，就是無法看到過程中存在於每個角落的新世界，也就無法學習。

到頭來，問題不在於速度或方向，而在於無法提出為什麼要做某件事，又或者無法承受這個提問本身。某個行為當中是否包含自己的意志，自己想要或不想要，唯有解開這些問題，才會逐漸看清楚，慢慢知道對自己的人生真正重要的是什麼，而不重要的東西則會淡化、沉澱。這無法依靠別人教導或依靠閱讀，唯有親身獲得的領悟，才會成為人生的目標、意義和自身的價值。

24 不知道想要什麼的時候

「我沒有人生目標，我不知道自己想要什麼。」

無論是在諮商時或在課堂上，經常會遇到人們吐露這樣的心聲。不只是苦惱未來的青少年或年輕的求職者，即便是認真上班的三、四十歲世代，抑或是子女都已經長大的五十歲世代，也都有著相似的煩惱。帶著羞愧表情吐露這些話的人，內心大概都是如此相信：

「人生就應該要有明確的目的和目標。」

「方向比速度更重要，因此，人生一定要有方向。」

「我想活得像自己，可是怎麼樣才叫像自己？我真正想要的是什麼？」

「對我來說，什麼是重要的？」

人生意義、價值或目的，這些字眼中包含了答案。換句話說，要掌握什麼對自己是重要的，才能整理出人生方向或目的。那麼，我們如何得知什麼對自己重要，什麼比較不重要呢？有時我們以為A很重要，於是放棄其他選項，只朝著單一方向埋頭奔跑，可是後來才恍然大悟，原來B或C更重要。有過這種經驗的人，便會把B或C放在優先順位上，把A放在後面。

透過親身經驗，價值很自然有了先後順序。因此，至少要根據自己決定的標準去實踐過，即便得到了和期待不同的結果，就算是失敗，也會對自己有進一步的發現，也因此，什麼事在人生中更重要、什麼事是人生的必需，也會跟著變清晰。

相反地，為了避免失敗、為了不受到損失，只會聽從他人建言、評價的人，從來不曾以自身標準做決定或親身實踐，也就很難得知什麼對自己來說才是重要的。這樣的人，只會一味跟從在商業、政治或社會文化上被膨脹的價值。金錢當然好啊，外貌當然重要，健康是最好的，總是得先進個好公司嘛，大學當然要讀首爾的學校，別人做的我都要試試看……，如此盲目地跟從別人說「應該做的事情」，之後卻發現即便是這樣也很糟糕，再也做不下去了。打個比方好了，這就像是為了在國文、英文、數學、社會、自然等所有科目都拿到平均以上的成績，而戰戰兢兢地讀書，時間久了，就會沒有餘裕思考自己喜歡什麼科目，往後又該專注於探索什麼領域。

為了不落人後，為了不輸給他人而讀書，這樣的人只是把讀書當成一種手段，因此無法領悟其中的意義或樂趣。努力，只為了具備某種條件或資格，最後就會覺得連自己也變成了一種工具。連帶地，如果覺得自己表現好，就會感到很有成就感；認為自己做得不好，就會開始憎恨自己。

不知道該做什麼、為什麼這件事很重要、它具有何種意義，只是一頭熱地想要把事情做好，如此一來，在對待自己時，就會如鐘擺般在膚淺的愛與憎恨之間搖擺不定。

25

沒有方向，就沒有速度

在集體主義的競爭文化中，個人目標或目的並不會受到讚賞，重要的是與整體社會之間形成和諧關係，在特定的領域取得高分。相較於每個人獨有的個性或價值觀，符合社會一致的標準更重要。在韓國社會中，過去講究的是「身分」，其次是代表能力的「學歷」，而如今看重的是能夠打造學歷的「財富」。儘管「財富」看似能透過各種方式增加，但如今大家發現，就連抱持這種期待和幻想都很不切實際，於是陷入了苦悶。

美好的人生基準就只有一個，在該標準之下生活，變得更加動彈不得。倘若個人價值是豐富多元的，它們就能發揮緩衝裝置的功能，在人們無法達到「財富」這個標準時減緩衝擊。

可惜的是，目前韓國社會中的個人緩衝裝置太過匱乏。人們很努力避免自己在家庭、學校、社會、職場等團體中被討厭或排擠，卻在某一刻發現自己正站在懸崖邊，眼前浮現「這一切到底有什麼用？我是為了什麼才這麼拚命過活？」等問題，感到困惑、不知所措。有些人終生帶著「這樣算是過得好嗎？我可不能落得跟那個人一樣的下場……」等想法，把焦點放在避免收到負面評價，則很難去想像自己真正想在人生中達成的目標，包括「什麼對我來說是重要的？我想成為什麼樣的人？」因為他們從來不曾思考過這些問題。

無論是父母、教育或社會，都不允許我們以自身的標準去嘗試，仔細檢視挫折和失敗的經驗，並進行調整，更何況要按表操課就已經夠忙的了。反正失敗、不順遂的事情都已成往事，所以社會奉勸我們忘掉一切，朝著有前瞻性的未來前進，也因此，我們根本沒有時間去省思過往的意義。

儘管人們經常強調人生靠的不是速度，而是方向，但這句話說錯了，因為「速度」是一種包含了方向的概念。假如我們將方向排除在外，只想表達快速的意思，那就應該使用「速率」。可是，在物理學或數學世界以外的真實人生中，不談方向、純粹的「快速」真的存在嗎？它能以何種方式存在呢？

速度存在之處，方向早已存在，只是你沒看到罷了。因此，如果旅程中出現問題，問題不一定出在速度，有可能是方向錯了。就算慢慢地走，中途不時停下來休息也不構成問題。就算有時不想面對、不想承認，我們依然必須明確地檢視在自己默許之下所遵循的方向，並進一步探究往這個方向前進是為了什麼，對你又具有何種意義。

速度存在之處，方向早已存在，
只是你沒看到罷了。
因此，如果旅程中出現問題，
問題不一定出在速度，有可能是方向錯了。

26

比起善意，更需要慎重

善良的心，或者說善意，對我們來說，善意代表著什麼？有個書中人物總是充滿善意，卻因為思慮不周而老是面臨危機，他就是英國小說家亨利・菲爾丁（Henry Fielding）的小說《湯姆・瓊斯》（*Tom Jones*）中的主角湯姆。湯姆不是那種頭腦機靈，懂得精明算計的人，他總是忠於自己當下的情緒，做出誠懇真摯的舉動。

可是，善良的湯姆總會碰上各種苦難，諸事不順，大家的誤會更讓他持續陷入困境。作者透過湯姆的冒險替我們上了扎實的一課：**人生光靠善意是不**

夠的。

菲爾丁強調的是慎重，但他也強調，我們不能把卑鄙、冷漠或很會精打細算誤解為慎重。他所說的慎重，是與生俱來的熱情，經過人生無數錯誤的洗鍊，累積而成的智慧。

27 有什麼是完全屬於自己的？

在「與眾不同的我」之類的訊息氾濫的時代中，人們陷入了苦惱，「真正的我」是什麼樣子？「活出自己」是什麼樣子？

這種口號流行的現象，顯示出我們害怕自己會過著被別人牽著走的人生，同時又渴望找到屬於自己的方向或人生意義。過去，人生只要依循家人、社區、社會或宗教追求的方向就能安然無事，但如今已經進入了任何人都不再擁有明顯答案的時代，因此感到更加混亂迷惘。

有些人相信，唯有成為比現在更好的人、成為更傑出有用的人，才能博得人們的好感，做心中想做的事，活出更滿意的人生，因此他們四處尋找各種書籍和講座，希望藉此求得智慧。擔憂自己是否過得不錯的人，則養成了不斷和他人比較的習慣，而他們所見到的人，也會在無形之中成為放在天秤上評價的對象。

就像買東西時會比較價格、品質、評價般，有些人在認識別人時，也會針對這個人的外貌如何、是否受大家的歡迎、財力和權勢在何種程度、具有何種能力來打分數。幾乎像是反射性地評價他人的人，往往對自己越嚴苛，因為他時時刻刻都活在對自己的評價之中，反過來說，這表示他經常對自己感到不滿；而越是頻繁說「別人也不怎麼樣」的人，越容易不斷地對他人進行鉅細靡遺的評價。這些人的不幸，來自於尋找差異，追求占上風的強迫傾向。

但是，無論就何種意義來看，我們都是某樣東西的延續與翻版。我們的一言一行，無論我們有沒有意識到，都是從他人身上學來的，即便是夢想、願望、期望，也都是從別人身上複製來的。透過經驗、模仿、學習的過程，我們獲得一部分社會所期待或稱頌的成就，而這些日積月累的成績構成了「我」。A說的話、B的手勢、C的步伐、D的願望、E的想法、F的期望、G的欲望、H的情緒層層堆疊，在不知不覺中成了我這個人。

現在，問問自己吧，你的想法、情緒、願望與期望、欲望與夢想，又或者是語氣和行為，有什麼是完全屬於你自己的？有什麼是你可以有自信地說，這是在任何人身上都看不到，「只屬於我」的東西？

接著再思考，「成為真正的我」或「活出自己」意味著什麼？也許，你將幡然醒悟，自己不過是滄海一粟，是短暫寄生在地球上的渺小存在。在猶如宇宙懸浮微粒般的「我」的體內，鏤刻並傳承著生命的歷史。我們是生命的延長，亦是一再反覆的動作。當你明白所有生命都是牽一髮而動全身，我們的存在也不過是無數反覆之中的一個，就不會再對個別性產生執著，而這樣的人，也才能獲得「活出自己」的祥和與自由。

28

描繪出本質的畫作

許多人因自身的「本質」而備受煎熬，他們對自己體內的某樣特質恨之入骨、充滿畏懼，努力想要消除它或想逃跑；又或者，因為想要忽視它，所以對於自己體內擁有什麼一知半解。即便是後者，也不代表就能得到自由。無法覺察自己體內發生什麼事，無法和自己有良好連結的人，反而會導致特定的經驗受到壓抑，做出意想不到的突發或衝動行為，產生自我調節失敗的經驗。

關於自己的「本質」，很難靠一時的意志來改變，因為它是一個人從過去至今的經驗總和與最終評價。包括被親朋好友等親密他人批評或無視的經驗、表現得比朋友或兄弟姐妹差的經驗、受到差別待遇的經驗、想靠近某人卻不被接受的經驗、無法被澈底理解的經驗、無法得到關注的經驗等，由這些描繪出來的最終畫作，就形成了「關於自己的本質」。

對於長期經歷挫折與痛苦的人來說，不可能因為別人說一句：「你非常珍貴！」「你非常出色！」就改變他們的本質。看著鏡子對自己說：「你太棒了，好了不起，真令人驕傲。」作用也不大。勉強用「愛自己」或優越感來覆蓋讓自己感到不悅的本質，不過是為了覆蓋苦澀的滋味而灑上砂糖罷了，畫作的內容很容易扭曲變形。

現在，就先改變對待我的本質、對待我的畫作的態度吧。

29 我並不是演員，而是舞臺

與其執著於自己所經歷的單一事件，更重要的是看見整體脈絡。因為害怕被無視，而感到生氣或受傷，這些想法是我體內的一部分。**假如我是一個舞臺，那麼一種情緒或眾多經驗，就是毫無預警地出現在舞臺上，等時間到了又自行退場的演員。**

我們應該謹記在心的，是每一種經驗終究都不等於「我」本身。我們所經歷的情緒會在固定的時候出現，等時候到了，又會消失不見。無論是開心、幸福、自豪或感到飄飄然的經驗，抑或是怒火中燒、悲傷或孤單的經驗，都同樣被賦予了一個角色。與其說「我是悲傷的」，事實上更接近「我體內有悲傷的部分」。

悲傷時，不過是悲傷的部分走到了臺前，以至於注意力集中在它身上罷了，並不意味著我這個人是悲傷的。接著，感到口渴的部分會主動尋求水源，因為明天早上必須早點上班，所以要你趕快睡覺的部分會催促你採取行動，而各個部分也會進行調節與妥協，引領「我」這個整體。

「悲傷」並不等於「我」，它不是唯一的主角，同時，這也不表示其他情緒就是配角。愛恨可能交織，想去和不想去的念頭同時存在，有氣無力也可能突然變得充滿鬥志，許多部分可能在一瞬間登場，接著又無聲無息地退場，無論覺察與否，我們都透過這個過程繼續活著，發生變化。

如果能覺察舞臺上有各種互相衝突的情緒與需求，就不會被特定情緒或想法壓制。人之所以會陷入特定情緒、想法或經驗，導致自己被淹沒，是因為認定那個特定經驗就等於自己，忘記了自己是一個舞臺，而那些個別的經驗只不過是演員。

悲傷時，不過是悲傷的部分走到了臺前，
以至於注意力集中在它身上罷了，
並不意味著我這個人是悲傷的。
接著，其他情緒將會引領「我」這個整體。

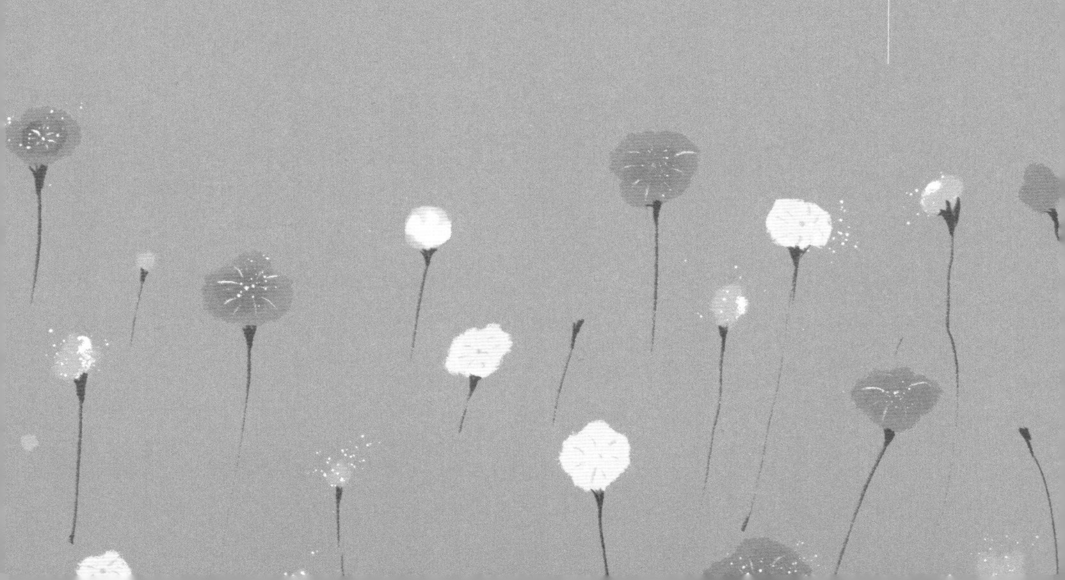

30 別太費心去處理搞不懂的事

「為了承受存在本身，於是我們說謊，而且是對自己說謊。」

義大利小說家埃琳娜．費蘭特（Elena Ferrante）在散文集中如此寫道。是這樣嗎？我們寄居於名為「我」的軀殼長達數十年，卻對這個人幾乎一無所知，反而多數都是錯誤的認知。這究竟是悲劇，還是喜劇呢？

儘管所謂的人生是持續了解「我是誰」的過程，但我希望你別過於汲汲營營。

無論如何，唯有自然而然地放掉力氣去觀看，心靈和想法之門才會跟著敞開。

第三章
從他人身上看見自己

假如你不知道自己為什麼喜歡某個人事物，
那麼，其中就存在著花時間去了解它的價值。

——保羅・鮑爾斯（Paul Bowles），
美國作曲家

31 關係的不同面貌

有位七十五歲左右的女士，總是將褐色短髮梳理得端莊整齊，每天晚上以一身時髦打扮去見好友們，很難想像她沒有戴著耳環或項鍊的樣子。她是我至今認識的朋友中年紀最年長的人，她的名字是喬安。

喬安的聽力不太好，我們第一次在倫敦的公寓見面那天，我用英文寫下自己的名字拼音，並且念給她聽：「池、盈。」喬安卻用一臉笑容衝著我喊：「妳說什麼？」過不了幾分鐘，喬安提出了解決方法。

「我是喬安，妳是我的妹妹，所以就叫妳喬伊。」

從那天開始，我成了喬伊。

喬安的先生離世二十年，但先生依然常伴她左右，客廳和房間的每個角落都掛滿了身為畫家的先生替喬安畫的肖像畫。喬安一整天都絮絮叨叨地對著先生說個不停，像是「今天琳達說了什麼，讓我感到很煩躁，而且剛才買的紅酒味道很差，我不該再去那家店了」之類的話。她沒有一刻是安靜的，而先生也彷彿還活在那個家中。對喬安來說，先生依然活在世上，而我透過喬安看見了另一種關係存在的方式。

所謂的關係是什麼？我們所知道的就是全部嗎？

32 就算在身旁，也見不到彼此

雖然我們會說和某人「見面」，但即便待在一起，也不代表見到了彼此。就算五個小時待在同個空間，也可能一分鐘都沒見到對方，而且即便是同住一個屋簷下的家人，反倒有很多見不到彼此的情況。這意思是，我們沒有用「完全的自己」和對方見面，只是用「角色」見面，在認為自己已經做了該做的事之後便轉過身。

當孩子和朋友吵架，哭著回家時，最該告訴孩子的不是建言，也不是激勵；對於苦惱找不到工作的人來說，鼓勵是不需要的；在公司受到委屈而氣呼呼地回到家的人，期望的也不是家人無條件挺自己。

對於擔憂自己是不是有什麼問題、能否好好生活下去的人們來說，需要的是他人真正的陪伴，對方不會對自己指指點點，想要改變或改正我，而是接受我原本的樣貌。擁有那種經驗時，我們就能放下緊張，感到安心。

我們天生就具有自行調節、療癒並找到平衡的能力，尤其在我們真正被他人接受時，發揮得最為淋漓盡致。

33 真正的陪伴

你如何陪在痛苦的人身旁？

想要陪伴充滿痛苦和低落情緒的人，就必須先收好自己的情緒，唯有能和自己相處的人，才能和他人共處。

我們無法靜靜地陪在痛苦的人身旁，原因多半在於內在產生不舒服的感覺，所以我們會選擇比較容易的方式，像是給予建言、激勵、支持或稱讚。

我們會試圖收起對方的烏雲，以陽光照耀他們，以避免對方的烏雲跑進我的體內。但是，強迫改變他人的天氣時，經常會以失敗告終。

34 我都付出這麼多了

若明白自己雖然嘴上說是為了他人，實際上全是為了自己時，我們就不會再埋怨或怪罪他人。

我們過度想對他人好，可能出於以下的原因。

1. 不想要對方感到不舒服。因為當他感到不舒服時，我可能會被颱風尾掃到，所以打從一開始就要阻斷這個可能性。與其說是為了對方，實際上是為了預防對方對我發火，是為了降低自己的不安。

2. 為了避免自己討厭對方的心思被揭穿。平時就覺得那個人面目可憎、很討人厭，對他沒什麼好感。但是等到面對面時，我們卻經常以更加親切的態度對待他，並試圖平復內心的不自在。

3. 為了擴大自己的存在感。這是一種想把自己的想法擴展到他人身上的欲望，但要覺察這點非常困難。嘴上說是要提供建言，卻說了一大串對方討厭聽的嘮叨，還有以幫助為名侵害他人的領域，這些都是試圖對對方產生影響，是源於自戀的行為。甚至可以說，這是為了使對方逐漸變得跟自己相似，以便創造出更多的「我」。

4. 為了在他人心中植下自己的良好形象。這種人很重視世人的批評或稱讚，努力想得到所有人的愛。

5. 為了控制對方。其實是希望對方按照自己的期望去做事，卻不直接明說，而是用全身來表現「我都為了你這麼辛苦，你好歹也該做到這樣吧？」包括對子女、配偶、家人過度付出的情況，都屬於這類。

進一步了解，就可以知道這五種動機都和「為了那個人好」有很大的距離。**無論是源自何種動機，為了某人過度努力，都不是為了「某人」，而是為了「自己」**。我們為了自己如此處心積慮，一旦不如己意時就怪罪對方；明明是為了自己，卻時常忘了真正的導火線，還暗自叫屈。

35 匆忙扮演角色

我們持續不斷地想成為某人的什麼。

我們期盼自己能發揮最大的價值，為了確認自身的存在感而汲汲營營一輩子，所以匆忙地扮演角色，結果又被那個角色燙傷而黯然下臺。

為什麼角色不會緩緩地產生呢？

為什麼角色一旦固定下來之後，要靈活改變會這麼難呢？

36 負責烤肉的男子

那是發生在某次課堂上的事。那天的主題是關係中的衝突，原本專心聽我從心理學角度解釋的中年男子舉起了手。

「不曉得能不能問這種問題。每次聚餐時，我都是扮演負責烤肉的角色，可是，不是有些人會在還沒烤好前就很不要臉地把肉片夾走嗎？碰到這種人時該怎麼辦呢？」

聽眾席間傳出了此起彼落的笑聲，原本安靜無聲的聽眾開始你一言我一語地交談、竊笑，教室內認真嚴肅的氣氛也在無形中消失，頓時變得很輕鬆活潑，令人興致勃勃。多虧了這位男子，我也說了句玩笑話。

「你怎麼不早說呢？我看大家聽到心理學的說明後，表情都不太好看，但一提到烤肉，每個人的表情都豁然開朗了，感覺好多啦。」

坐在後面的另一位中年男子回話：「有人吃你烤的肉吃得很香，你不就是為了這種成就感才烤肉的嗎？」

但提問者似乎不同意這個說法。

「不，我討厭的是還沒烤到恰到好處就被夾走。」

聽眾席再次因笑聲和交談而變得嘈雜。

「哦，看來對你來說，把肉片烤得恰到好處很重要啊。」我問。

提問者一副理所當然地說：「當然啦，烤肉也有分順序和方法，要是有人在中途妨礙，會讓人很不爽啊。」

「你是希望其他人可以在聊天之餘自在地用餐，所以才負責烤肉的吧？這是一種利他行為，但如果在這件事上太過鑽牛角尖，自己和身旁的人都會感到不舒服。而且，熟人之間為了維繫感情才聚在一起吃飯，可是比起現場的人，你卻更在意肉片烤得如何。」

「那我以後應該怎麼做？我不該烤肉嗎？」

「一直都是你負責烤肉嗎？」

「對，這對我來說比較自在，而且最重要的是，其他人烤的肉讓我不滿意，我烤得最好。」

聽眾們再次哄堂大笑。

我提出了以下建議。

「試著讓其他人烤一次怎麼樣？」

「這樣我會覺得很彆扭，很不自在耶。」

「雖然不容易，但請你試著忍耐一次那種不自在與彆扭的感覺。先去體驗一次，再好好觀察那一刻的我產生什麼樣的心情，做出什麼樣的行為。」

「為什麼要這麼做？這個角色我都負責幾十年了……」

「不是為什麼要這麼做的問題。你之所以烤肉，不是別人的吩咐，而是你賦予自己的角色，但你卻緊抓著這個角色不放，因此我才會要你試著不要扮演負責烤肉的角色。」

「這樣做會有什麼幫助？」

「當我過度被某個角色束縛住的時候，其中必定存在著某個原因。想知道其中緣由，首先就必須不去扮演那個角色，檢視自己不做那件事時，內心會發生什麼事。」

「我好像……會覺得很討厭耶。」

「怎麼個討厭法？有什麼特別讓你感到討厭或不舒服的部分嗎？請問問自己，要求內心的自己說出更具體的答案。」

「問自己嗎？」

「是的，有誰能夠說得更清楚呢？當然得問自己囉。請仔細觀察在類似的情況下，你不去扮演平時的角色時，有什麼讓你感到特別討厭或不自在，以及有什麼樣的感覺。因為，你可能是為了逃避那種感覺，才執意扮演烤肉的角色。還有，**人總要嘗試扮演各種角色，上了年紀後內心才會變得柔軟**，這時，嘗試扮演各種角色的遊戲就會發揮作用。既然一直以來我都只負責烤肉，那麼這次就看著別人烤。總要體驗一下把肉交給其他人烤、靜靜等候的過程，自己才有機會全面了解各種立場，不是嗎？」

37

對世界的評論
就是對自己的評論

想了解我如何對待自己，只要看我如何對待世界就可得知。

當我們說大家怎麼樣、世界怎麼樣時，我們始終都是在說自己。

脅迫他人的人，平時很習慣脅迫、壓制自己的某種樣貌；經常暴躁易怒的人，會在自己想要隱藏或逃避的一面暴露出來時暴跳如雷；經常指責別人的人，也會指責、批判自己的某一面。

許多人實際上踐踏的是自己，卻誤以為那是憎恨或討厭他人。

當我們說大家怎麼樣、世界怎麼樣時，
我們始終都是在說自己。

38

那個人與思念，孰先孰後？

思念某個人太長時間，
就會分不清，
我思念的是那個人，
或思念的是「思念」本身，
對我而言，是他先存在，
抑或是思念先存在？
究竟是孰先孰後呢？

39 在不自覺中傷害彼此

「倘若有人令你感到痛苦，是因為那個人的內在承受著極大的痛苦，最後它溢到外面所致。那個人需要的不是懲罰，而是幫助，那是他傳遞給我們的訊息。」

這是一行禪師所說的話，只要是人，就會想當善良的人、帥氣的人、傑出的人，也想得到愛、尊重、肯定與稱讚。無論是基於何種理由，只要無法如願時，內心就會被痛苦所浸染，當痛苦流到外面時，身為旁人的我們又該如何自處？應該猶如「愛能超越一切」的聖人般對待他嗎？為了諒解、擁抱他人，就應該把我的傷痛視為無關痛癢的問題嗎？可是，我們真的能做到嗎？

不去指責或處罰他人，並不是要你對自己受到的傷害保持沉默。當你沒辦法豎耳傾聽自己的痛苦，也就無法理解他人的痛苦；當你壓抑內在的聲音或視而不見，也就聽不見他人的聲音。聞名世界的靈性領袖，同時亦是藏傳佛教的代表人物佩瑪．丘卓（Pema Chödrön）就說，承認自己受到了傷害才重要。

「大家彼此傷害是無庸置疑的現實。我會傷害他人，他人也會傷害我。明白這點，就等於看清真相。」

丘卓說，對傷害我的人心生憎恨時，或者不知如何是好而感到煎熬時，就試著與這樣的心情或情緒成為朋友。**逐一端詳並承認他人造成的憤怒、悲傷、**

傷痛、失落，不去忽視或迴避自身的痛苦，而是明確地看清楚其全貌時，也就能接受他人身上的痛苦或情緒。對方也和我一樣有弱點，會經歷脆弱的一刻，生活在痛苦中。我們可能會不自覺地傷害某人，某人也可能會在無意間傷害我。如果我們能體認到，從這層意義來看，「他人」和「我」並無不同，「他們」和「我們」也並無不同，我們就能朝著「合而為一」的真相更靠近一步。

40

對待孩子的態度

只要看到孩子，就難以控制脾氣的父母出乎意料地多。儘管父母下定決心不發脾氣，要冷靜地向孩子說明道理，可是怒氣常常一下子衝上來，忍不住就吼了出來。這幾乎是一種古典制約的反射性行為。雖然會反省自己對孩子太過火了，也向孩子道過歉，但內心仍存有疙瘩，因為無法保證自己下一次就不會做出相同的行為。

有許多在外面溫和、親切、溫柔的人，在家卻突然變成冰冷、無情、可怕之人。哪一邊才是真的呢？是對他人隱藏自己的樣子嗎？又或者在家人面前的樣子才是真面目？不是的，其實兩邊都是那個人的樣子，說得更準確一些，是構成那個人的部分樣貌，但並不是他真正的本性。

家庭教育很嚴格、經常對孩子發脾氣的人，沒有一個是馬馬虎虎過生活的人，他們都是凡事非常認真，努力想要把事做好的人。他們之所以如此，是因為想教育好孩子，也想成為好父母，可是因為自己對孩子大小聲、發脾氣，或責罵小孩，結果又再次受到打擊，於是自責不已。這種人的自我要求非常高，也對自己抱持著無情冷血的態度，但他們卻不了解這點。

「我是因為某個弱點才無法成功，至少要避免我的子女步上後塵！」一旦用這種心態看待孩子，就只會在孩子身上看到那個弱點，而無法看到孩子身上的其他面貌，卻無限放大那個應該改正的部分。孩子是有別於父母的個體，是在不同脈絡與文化中生活的人，可是父母卻經常忘記這點，反而拚命想透過孩子克服自己無法解決的問題。但是，孩子沒有理由去克服它，因為那本來就不是孩子的問題，而是父母的問題。

我們不可能沒頭沒腦地突然就對孩子很和藹可親。想要做到這點，必須先用溫暖、溫柔的視線看待自己的缺點。**當我願意接納自己原來的樣子時，也就能以寬大的胸襟去接受孩子身上與我不同或難以理解的地方。**當孩子不願意聽你的話，或者和你起衝突時，你不應該對孩子吼：「你為什麼不聽我的話！究竟要我說幾次！」而應該自問：「為什麼我不肯聽孩子說話？我是不是沒有理解孩子的哪個部分？」檢視你眼中套上了哪個濾鏡，導致自己沒辦法好好看清楚孩子。

41

和自己共度一週

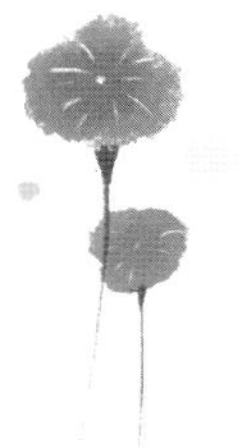

我們之所以仇視、排斥他人，是因為觸碰到體內的某種恐懼。只要能與自己擁有深度連結，無論是什麼樣的情況，都直接面對它的原貌，那就沒有必要爭吵或逃避了。看見自身內在風景的人，不會極度討厭或憎恨自己的任何面向，也不會過度討厭或憎恨他人的任何面向。

因此，對他人、對世界的二分法態度，也顯示出對自己的二分法態度。與其說是情緒的問題，不如說是欲望的問題，是與自己之間的關係出了問題。

我們無法對他人親切，是因為對自己不夠親切；無法對他人發揮耐心，是因為沒有培養出對自己的耐心。

那麼，該如何培養對自己的親切與耐心呢？試著思考一下，假如你必須和自己單獨度過一週，你會和內在進行什麼樣的對話呢？你能把自己當成世界上獨一無二的知己般輕聲細語嗎？你能不做出判斷或評價，無條件地傾聽內在各個部分訴說它們的故事嗎？你是否有足夠的耐心，等候屬於你的故事？想做到這點，又需要些什麼呢？

42

是愛，或是自戀？

你是否有過這樣的經驗：雖然努力想和他人和平相處，但越是竭盡全力，關係卻越不順遂？有時，可能是因為你不懂得和他人好好相處的方法，也可能是不善於溝通，或所謂的「不懂得看眼色」。有些人誤以為，只要幫助對方、買東西給對方或對他人好，彼此的關係就會變得很親暱。所以，他們先是「不帶私心地」善待對方，後來卻開始計較起自己花費的努力、心意、物質成本，因此感到失落或痛苦。

就這層意義來看，為對方做些什麼，可能是一種為對方著想的行為，但實際上，動機也可能是想依照我的想法去控制對方、得到對方的關心，又或者是想建立自己是個大善人的形象。

兩者應該如何區分呢？假如純粹是為了對方著想，那麼就不該期待結果。無論是物質或心理層面的報答，即使是任何話語或行動，甚至是一個微笑，都不該有期待回報的想法。像是告訴問路的人該怎麼走，這種不帶私心的舉手之勞，即是一種純粹的利他性行為。

相反地，如果我花心思去為對方做什麼、想把事情引導到某個方向，又或者企圖讓對方認為我是個重要的人，這就完全不是替對方著想。這種行為是出自擴大自身存在感的欲求，因此可以說它更接近自戀，而非利他之心。

許多人認為自己是以「愛」之名付出或奉獻，但多半只是錯覺。他們只是為了確認與擴大自身的存在感罷了，當這點無法被接受時，他們就會感到挫敗或心生怨懟。如果是真心珍惜對方、為了對方著想，源自好意的話語和行動本身就應當是圓滿的了，完全沒必要事後算帳、斤斤計較或為此懊悔痛苦。就算對方拒絕或否定自己，也應該要認為「這對他來說是好的」，以笑臉回應。如果無法做到這點，就不要以「愛」之名進行自我欺騙，大方承認「我是為了解決自己的欲求，感受自身的存在感，所以才去干涉對方」，反而比較好，如此一來，至少不會心生怨懟或痛苦。

如果是真心珍惜對方、為了對方著想，
源自好意的話語和行動本身就應當是圓滿的了，
完全沒必要事後算帳、斤斤計較或為此懊悔痛苦。

43 兩人有可能成為一體嗎？

我們為什麼會被相似的人吸引呢？是因為融合的本能。我們期望成為一體，藉此暫時遺忘茫茫人生所衍生的恐懼。所有的相遇均始於期待與讚賞，但隨著越來越多的交談，了解彼此的差異，失望與惋惜開始萌芽，最後意識到彼此終究是兩個人。

兩人成為一體是一種幻想，實際上是不可能發生的。各自的欲求、情緒、想法和價值觀必然是不同的，所以嘗試融合的行為總會以失敗收尾。即便最初是因為彼此相似而受到吸引、往來，也必須接受差異，並逐步擴展關係的邊界，才可能建立起與他者的關係。為了確認自己的價值或存在感，而緊緊抓著他人不放時，很容易會誤認為這是一種愛。我們不應該犧牲他人，使其成為自身潛意識欲求的對象。也因此，這並不簡單。

44

當「我們」再也不是「我們」

「當我們突然成為他者時，恐懼就會於焉產生。他者成為我們時，愛就會萌芽。他者的樣貌變化是令人驚恐的。」

文學評論家金炫所寫的這段文字，即是所謂的「他者的哲學」。曾經產生愛的「我們」突然成為他者，幾天前還是最親近的人卻突然成為他人，曾經的「我們」再也不是「我們」，這即是離別。這時，我們費心去拼湊拼圖，試圖想查出分離的原因，找到能夠說服人的理由。可是，這是想解釋什麼，又是想說給誰聽呢？關係顯然從某一刻開始就出現了歧異，卻永遠都無法得知是什麼改變了，原因又是什麼。

我們經常在不知道什麼來了又走了的情況下，分道揚鑣。

45 離別的意義

即便是在某一刻心靈十分契合的人，有時卻讓人陌生不已，甚至會忍不住懷疑，這個人真的是我所認識的那個人嗎？可是，基本上我們仍會記得過去的親密感，努力善待對方，甚至為了避免對方察覺我的尷尬困窘，因此表現得更為親切熱情，或莫名聒噪多話起來。

即便如此，過去的感覺也不會再次產生。正如同我們的所有經歷，與某人的相遇也牽涉到時間和地點，當時的相遇絕對無法再現，因所有的相遇，都只存乎那一瞬間。

因此，無須把關係的變化或離別看得太過嚴重，也無須過度說明或要求解釋，冷靜地把離別後必經的情緒看作是彼此的課題吧。

因為所謂的離別，對象是自己而非對方，離別是送走體內的某一部分，也是創造全新自我的過程。

46

讓關係好轉

美國喜劇電影《淑女鳥》（*Lady Bird*）是關於一對母女的故事，也是導演葛莉塔．潔薇（Greta Gerwig）根據自己的經驗拍攝而成。電影中，瑪莉安是工作勤奮、控制欲很強的典型媽媽，她總是不停地叨念女兒：「為什麼把脫下來的衣服丟在那裡？什麼時候才要整理房間？我到底要說幾次妳才聽得懂？」但這是有原因的。她的老公雖是個溫柔仁慈之人，卻丟了飯碗，於是家中的經濟重擔落到了她的頭上，她甚至必須在夜間工作，負責艱辛吃力的護理師工作。

女兒克莉絲汀就與平凡的二十歲孩子無異，夢想著光鮮亮麗的人生，可是實際上她卻活在一個背道而馳的世界。她討厭家裡的經濟狀況拮据，自己必須穿著媽媽用縫紉機修改的衣服去參加舞會，也怨恨媽媽一再地讓她認清現實。就在女兒即將上大學前的某天晚上，克莉絲汀的父母討論著經濟上的困難，而不懂得父母心、滿腔熱血的女兒則在外面狂歡玩樂，直到深夜才怕被爸媽發現，躡手躡腳地溜進房間。後來，瑪莉安打開房門進來，一邊整理女兒的衣物，一邊厲聲斥責，克莉絲汀見媽媽一點都不理解自己，於是開口問：

「媽，妳不曾因為被媽媽罵而傷心難過嗎？」

正打算離開房間的瑪莉安轉頭說：

「我的媽媽……是個虐待我的酒精成癮者。」

光是透過這麼一句話，就能充分理解瑪莉安的強迫傾向，日以繼夜工作的原因，以及她無法感受任何情緒的冷漠與嚴厲態度。

童年受虐的孩子很容易成長為性情殘酷的人，因為對自己無能為力、只能聽天由命的感覺恨之入骨，於是他們不斷地鞭策自己，用許多該做的事來逼迫自己。他們讓自己背負過多的責任，想避免造成別人的麻煩，並過度努力於成為有用之人。甚至對這些人來說，休息或玩樂都會引起他們的罪惡感。

對於這樣的瑪莉安來說，生下充滿藝術細胞、喜歡玩樂、自由奔放的女兒克莉絲汀是很矛盾的。自己受到虐待，卻要避免虐待代代相傳是極為困難的，但瑪莉安似乎辦到了。因為她成功養出了一個絲毫不在意媽媽的嘮叨和指責，忠於自己的情緒和需求，找到自己的路，並且有自信地為此負起責任的女兒。或許也正是托了女兒的福，她才能斬斷枷鎖逃出來。

我想，這部電影最精采的場面莫過於此。克莉絲汀不顧媽媽的反對，考上了心目中極度嚮往的大學，而她也因此必須離開家到遠地求學。儘管克莉絲汀帶著從此解放的心情出發，但送她抵達機場、一臉冷漠開車回家的瑪莉安卻淚如雨下。她雖然沒有對女兒說上一句溫暖的激勵話語，但目送女兒離開的她卻感到很心痛。瑪莉安必須接受離別，她卻還沒做好心理準備，準備好離別又有什麼意義呢？離別，向來都是讓人陌生的。

我們建立的各種關係中都有個基本的「原型」，眾多關係均是童年經歷的關係的變形，又或者是擴張。對他人的基礎信賴與態度，都始於各自的原型。

即便如此，過去的關係也不是決定現在關係的關鍵因素。與重要的人建立全新關係的經驗，能為原型帶來變化。透過和女兒的分離經驗，瑪莉安將會更加柔軟，放下過去試圖控制的一切，一步步地遠離對自身的鞭策。因為，她將會產生全新關係的原型。

並非靠指責、干涉和控制來強制拉近關係，而是保持距離，讓各自待在自己的位置上，卻能保持親密關係的經驗，將使瑪莉安產生全新關係的原型。

不是只有媽媽能在女兒身上烙印關係的原型，女兒也能對媽媽起相同的作用，接著，關係就會逐漸好轉。

第四章
欲望來自於外界

人類的欲望，即他者的欲望。

——雅各・拉岡（Jacques Lacan），
法國精神分析大師

47

情緒是揭露欲望的窗口

今日多數的心理諮商都把焦點放在探索和傾吐情緒，這並不是因為情緒本身很重要，而是情緒中包含了關於欲望的資訊。**只要循著情緒前進，最後就會遇見尚未解決的欲望。情緒，可以說是「揭露欲望的窗口」。**

所謂的心理諮商，或者心理治療，是透過情緒或經驗的探索，理解自身的欲望結構，解決欲望問題的過程。儘管有些欲望顯而易見，但也有些欲望是在潛意識的層次上起作用，不會彰顯出來。如同情緒會遮掩其他情緒，欲望也會遮掩其他欲望，讓人看不清。

孤單、悲傷、思念、怒火、憤怒、仇恨、不安、羞恥、自卑、空虛……情緒有百百種，我們甚至無法為其全數命名，但假如沒有欲望，也就沒有情緒。法國的心理學家歐奧良（Jean-Michel Oughourlian）就提出令人拍案的絕妙形容：「所謂的情緒，不過是模仿關係中各種發展階段的無常色彩，決定行為的不是情緒，而是欲望。」我們會體驗到各種情緒的原因，就在於背後存在著各種欲望和欲求。

48

欲望來自於外界

所謂的欲望（Desire）是什麼呢？它與口渴就該喝水、冷了就該添衣服的生理需求（Needs）有別。欲望雖然與生存沒有直接關聯，卻是我們心中所求。倘若需求是絕對性的，欲望就是相對性的，會根據個人和文化而有很大的差異。

在妻子對丈夫百依百順、讚揚女性成為賢內助的時代，女性為了提升自身價值而學習做家事，並夢想著能嫁給好人家。活在那種時代，女性的欲望並不是來自於思考、追求自己想要什麼，而是藉由組成家庭，在其中鞏固自身的存在感。

相反地，活在重視個人能力的時代，女性所尋找的配偶條件，則變成懂得尊重自身領域或職業，並且能維持互助合作的夫妻生活。丈夫不會只顧著在外面工作，到了週末會在家裡陪孩子玩耍，也會分攤家事。隨著時代與文化的改變，欲望也跟著產生變化。

生於外表打扮非常重要的社會中，人們會看著以美麗與帥氣聞名、經常在媒體上現身的藝人，努力想變得與他們相似。我們會去買某位模特兒身穿的衣服、鞋子和飾品，或者購買類似的商品。在視賺錢為最高價值的社會中，人們會窺探建立成功神話的富豪有哪些思維與事跡，並追隨他們的人生軌跡。

假如有人看到報導寫某位赫赫有名的企業家每天早上花半小時閱讀，於是也下定決心要跟隨，這個人並不是對閱讀產生了欲望，而是想像那位企業家一樣事業有成。同理，跟著藝人購買手提包的人，並不是對手提包產生了欲望，而是嚮往藝人所享受的人氣、喜愛和美貌。

人類的欲望，終究是「對他人的狀態產生欲望」。我們總是模仿著某人的什麼，跟著有樣學樣。欲望從四面八方湧上來，貼附在自己身上。兒時是來自養育者或兄弟姐妹，學生時期是來自老師或同儕、書本或漫畫中的帥氣主角，出社會後則是來自職場上認識的人，以及媒體上的公眾人物。

我們的欲望來自所有人，你的欲望並不是來自你的內在，而是來自外界，是你根據所見、所聞、所感抄寫來的。這是一種經過學習的結果，而且會讓人不自覺地跟著去做，也因此，人們總是茫然地追求某樣東西，卻無法明確地回答為什麼想得到它。

欲望並不是來自你的內在，而是來自外界。
人們總是茫然地追求某樣東西，
卻無法明確地回答為什麼想得到它。

49 想被媽媽稱讚漂亮的女兒

過去我曾替一位五十歲後半的母親諮商。她有兩個正在就讀大學的女兒，但兩個都罹患了飲食障礙。她們為了減重，數年間不惜服用韓藥、西藥等，到最後罹患了厭食症。可是，這位母親說的話卻令我印象深刻。

「我們家女兒從小就長得很標緻，不管帶去哪，大家都會忍不住回頭看她們，可是……。」她每說一句話，最後都會提到「漂亮」兩個字。就算在聊其他話題，只要說到女兒，最後又會回到外貌。平時她也會對兩個女兒說：「妳長得這麼漂亮，只要再瘦一點就更美了。」這位母親就連稱讚時也會提到外貌，主要說的也是關於外貌的鼓勵或建言。和女兒聊說自己在外面見到誰時，也是從他們的外貌如何開始說起。我大概能理解，兩個女兒對外貌的執著或欲望究竟源自何處。

欲望模仿理論（Mimetic theory）的創始人勒內．吉拉爾（René Girard）曾說：「人類的欲望不是自發性或個人的，而是源自模仿。熱情與欲望始終是從他人那兒借來的，不是從自身的最深層拉上來的。」**此時，你最大的欲望源自何處？你必須先從這個問題著手。**

50

因為這輛汽車是朋友想要的

觀察孩子們嬉戲的畫面，就能簡單看出模仿欲望是什麼意思。兩個孩子走向遊戲間的玩具籃，孩子A先拿起了紅色汽車，孩子B看著藍色汽車稍作遲疑，接著說自己也想要紅色汽車。孩子B的媽媽一時慌了手腳，說紅色汽車只有一輛，問孩子能不能玩藍色或黃色汽車。見到媽媽非但沒有替自己打氣，還要他對紅色汽車死心，孩子B感到很洩氣，開始嚎啕大哭，並哽咽說自己也最喜歡紅色。孩子B覺得世界很不公平，沒有人和自己站在同一陣線，因為就連自己的媽媽都站在孩子A那邊。

可是不久後，孩子A的媽媽走過來牽孩子的手，說該回家了。孩子A把拿在手上玩的紅色汽車放在地面，跟著媽媽離開了。孩子B的媽媽很高興地把玩具拿給孩子，跟他說：「終於輪到你玩紅色車車了。」孩子B只稍微看了一下，很快就失去興致，走向其他玩具。

見到孩子這麼快就變心，媽媽嘆了口氣，但紅色汽車之所以成為孩子B強烈渴望的對象，是因為孩子A的存在。當然，可能兩個孩子平時都偏好紅色汽車，但假如少了競爭對手，想必孩子也不會非要紅色汽車不可。

就兄弟姐妹來講，我們經常可以見到，只要是哥哥或姐姐喜歡的東西，弟弟妹妹就會跟著想要，或試圖搶走它。許多父母會認為是弟弟妹妹比較貪心所致，但實際上有別的原因，**這是因為無論第二名想要與否，他都只能藉由跟著第一名形成欲望**。

第一名渴望得到的東西，幾乎是自動就成了第二名的期望。第一名得獎或受到稱讚的場面，會在第二名的腦袋留下長久印象，成為他一輩子的課題。至於第一名受到懲罰或失敗的事件，則成了第二名非避開不可的陷阱或跳過的跨欄。

可是，假如在前述的情況中，第三個孩子C出現，並且靠近沒有主人的紅色汽車呢？就在那一刻，孩子B會猛然再次想起欲望，急急忙忙地跑過去阻止孩子C。

「那是我在玩的！」

受到驚嚇的孩子C哭著奔向媽媽，孩子B則是一臉洋洋得意與心滿意足的表情，緊緊抓著令自己感到自豪的汽車，興致勃勃地玩著。多虧了競爭者在欲望逐漸熄滅之際登場，孩子B的欲望也跟著再次熊熊燃燒。

51 是享受競爭，或害怕競爭？

個體心理學創始人阿德勒（Alfred Adler）曾以追求優越感來分析兄弟之間的競爭心理機制，他曾說：「排行老大的孩子中，幾乎沒有喜歡競爭的。當原本把所有的愛都給自己的父母對著剛出生的老二露出笑容的瞬間，老大便對競爭產生恐懼感而卻步，也就是說，他直接放棄了競爭。另一方面，老二從出生開始，就已經認知到跑在自己前頭的老大，對他們來說，人生就像是腦中時時惦記著前方選手的跑步競賽。因此，老二會把競爭視為理所當然，是隨處都可見到的東西，不會產生任何排斥感。在享受競爭、挑戰既有權威的人裡頭，就有許多排行老二的人，原因就在於此。」

不屈服於佛洛伊德的權威，試圖想超越他的阿德勒，實際上是家中的次男。阿德勒離開佛洛伊德學派，從歐洲來到美國隻身活動，並逐漸聲名大噪。這等於是離開由兄長管轄的社區，一輩子與兄長在類似的領域中競爭（儘管佛洛伊德並沒有把阿德勒視為競爭對象，他稱呼個子矮小的阿德勒為「矮子」，一輩子都不把他放在眼裡）。

不少學者就以阿德勒的理論核心「自卑感—優越感的追求重心」，來說明身為次男的阿德勒對於身為長男的佛洛伊德的競爭意識。

把阿德勒的觀點和欲望模仿理論結合並加以說明，就能得到更加豐富的解析。第一個出生的孩子們只會把父母當成模範，相較於前面有一個同儕模範的老二，老大總是居於劣勢，因為無論是要追上或抗拒父母的欲望，對他來說都不容易。基本上，養育者的欲望會成為老大的欲望。父母兩人之中誰比較愛自己，誰更具魅力或握有更大的權力，那個人就很可能成為老大眼中的模範。當然，他也可能會同時模仿父母兩人的欲望。

52 不自覺地產生認同

在某個家庭中，弟弟認為父母向來只會稱讚哥哥，卻無視自己的存在。他認為哥哥是家中的驕傲，自己毫無存在感，當他向父母詢問什麼時，總會得到「去問你哥」、「跟你哥學學吧」的回答。對他來說，只有哥哥才是唯一的理想模範。

只要哥哥學習跆拳道，他就會跟著學習跆拳道；哥哥開始上鋼琴課，他也去上鋼琴課。上了大學，他也選擇和哥哥相同的科系，畢業後也到與哥哥的公司相似的公司任職。他不帶一絲懷疑，深信這是自己想要的。

此外，他也和長相類似大嫂的女性交往、結婚，甚至在哥哥離婚數年後，也走到了離婚這一步。當然，弟弟並不是刻意跟著哥哥做出這種選擇，只是很奇怪地，只要是發生在哥哥身上的事，每隔個幾年，相似的事也會發生在弟弟身上，但弟弟絲毫沒有察覺。他只深陷於自己無論怎麼努力都比不上大哥的想法之中，這即是持續一輩子的「認同」案例。

對於他者性與模仿性，我們是無知的，所以才無法察覺自己在模仿模範的欲望，並且把模範視為競爭者或障礙物，從羨慕進而產生憎恨心理。要避開這種與模範之間的競爭，最佳的心理機制即是認同。我們會在潛意識下採取與父母、兄弟姐妹、朋友或同事趨於相似的認同策略，但即便是在認同的情況下，也可能會遺忘欲望的源頭，誤以為這個欲望原本就屬於自己。

轉頭看看你周遭的人們吧，思考一下自己在無形中對誰產生了認同。

要避開這種與模範之間的競爭，
最佳的心理機制即是認同。
我們會在潛意識下採取與父母、兄弟姐妹、朋友或同事
趨於相似的認同策略。

53 和他人逐漸變得相似的原因

基本上，我們的所有欲望都是想與他人變得相似。想擁有他人手中的某樣東西，想把他人的一部分納為自己的囊中物，追求他人之所求，想達到他人的狀態，我們在不自覺的情況下，跟隨著某人的想法與言行舉止。

因此，若是想避免陷入模仿的心理機制中，我們反而應該牢記，模仿的心理機制正在內心隨時啟動著。就算無法察覺每一個欲望的源頭，但至少要掌握欲望的結構，了解自己渴望的是哪些東西，彼此之間有什麼樣的關聯。因為它們將會引導你的想法、情緒、決定和行動。

莫名地討厭某個人，可能是因為對方具備了我迫切想擁有的東西，又或者是那個人享受著我所沒有的一切。即便是你十分鍾情，想時時刻刻和對方在一起的人，也有必要進一步檢視這是源自何種欲望。

兩人的關係中向來都是雙方互相影響，因此模仿與暗示會如影隨形。我之所以會模仿某個人的欲望，是因為他向我暗示了自身的欲望。

當然，這並不代表他刻意暗示我，而是因為他的所有行動看起來像在暗示我什麼。當我接受暗示後，在我身上形成的欲望又會再度成為對他的暗示，接著那個人會開始模仿我的欲望。

暗示成為模仿，模仿再次成為暗示，關係會相互起作用。所以，當親暱的**關係持續久了，彼此會經歷模仿對方的過程，最終兩個人會達到高度的相似性。**原本不同的兩人相遇後，以夫妻關係相處久了，表情樣貌、言行舉止、喜好、價值觀或信念都會逐漸變得相似。透過模仿，差異會漸漸消失。

54 想和他人一樣，而心生憎恨

在多數情況下，我們會陷入自己不如他人的想法中，而變得一蹶不振，有時則會認為自己比他人優越而洋洋得意。與他人比較、試圖和他人競爭的傾向，是源自於「我是有別於他人的特別之人」的錯覺。但是，只要能明白，即便是「我」，也不過是模仿他人欲望的存在，「我」終究只是與他人關係中產生的自我集合體，就會領悟到我和他人基本上並不是獨立分開的。

只要是人，就會試圖將社會文化上具有魅力的一切吸引過來，至於自己身上看似不利或不好的一切，則會想要消除或抹去。經過這種模仿的過程後，我們變得十分相似。模仿是形成人類文明與文化的核心機制，透過模仿，我們得以學習並傳授知識。

但同時，模仿也會衍生暴力。當他者渴望某種對象時，我也會開始模仿並產生欲望。始於模仿的欲望，會很自然地導致他者被視為競爭對手。深入模仿他者的欲望，我的欲望也會跟著擴大，同時他者會逐漸被視為阻擋我的欲望的障礙物，等於從欲望的模仿對象降級為競爭對手、障礙物與敵人，衝突、紛爭與暴力也因此變本加厲。

這並不是「差異」導致憎恨，而是「相似」導致憎恨的矛盾情況。彼此因為模仿而開始競爭、鬥爭，以至憤怒難平，最終走上毀滅自己或他人的境地。加上各種技術的發達，欲望的共享普遍化後，其速度也跟著加劇。隨著模仿加速化，差異逐漸消失的速度也跟著加快。也許正如人類學家勒內·吉拉爾所言，今日我們之所以大力讚揚多樣性或差異，並不是因為差異增加，而是因為差異消失所致。

55 選擇欲望

生而為人，就無法掙脫模仿的枷鎖，但我們擁有在各種模仿中「選擇」的相對性自由。在你面前的多個模範之中，要把誰當成模仿的對象，在某種程度上是操之在你。當然，如果你不想做出選擇，就必須洞悉模仿的心理機制，了解自身的欲望存有他者性，從遠處觀看自身欲望的結構，就能產生某種程度的自由與從容。

不理解模仿心理機制的人，會盲目地跳入競爭之中，認為自己要做得比任何人多、比任何人好，深信自己至少要獲得多少，才能取得相對應的結果。那樣東西原本就不屬於自己，卻認為沒有它不行，於是虎視眈眈地向前撲去。同時又認為自己之所以總是無法滿足、有所匱乏，在於尚未達到心目中的水準，誤以為欲望有某種明確的目標或對象，所以汲汲營營地追求。

欲望從一開始就沒有對象，也沒有實際形體，因此也無法達到。欲望本來就沒有主體或對象，只有渴望欲望的習性罷了。就像是被置於莫比烏斯帶之中，無論再怎麼奔跑，最終都無法擺脫其軌道。猶如過溪時從滑溜的石頭跳到另一顆石頭上，欲望也從此處轉移到彼處。

就這層意義來看，絕望是使欲望的心理機制運轉的必要條件。**你之所以感到挫折與絕望，並不是因為欲望沒有達成。絕望是欲望的助力，即使說創造絕望是為了產生永無止境的欲望也不為過。**假設一個欲望已經被滿足，你就會在不知不覺中跨至其他欲望，所以滿足感才會稍縱即逝或模糊不清，甚至難以察覺。

欲望從一開始就沒有對象，

也沒有實際形體，因此也無法達到。

所謂欲望，就只有渴望欲望的習性罷了。

56 欲望帶來的暴力

正如勒內．吉拉爾的說明，我們不斷想成為什麼的欲望，始終都是「想成為他人的欲望」。所謂人類的欲望，最重要的是渴望受到意義的束縛，而所謂的意義，始終都是在人與人之間、在關係內塑造而成。關係所在之處，有意義也有欲望。欲望原本既不是好的，也不是壞的。欲望本身不會構成問題，只有當我們完全被欲望的對象所造就的幻想支配，無法察覺它的虛假屬性時，才會形成問題。

來自某人身上的東西，卻誤以為那原本就屬於自己，過度賦予意義並盲目相信時，或者只優先考慮自己的欲望卻排斥他人時，就會發生激烈的競爭與衝突。一如歐奧良的指責：「人之所以行使可怕的暴力，是因為始終無法領悟自身的欲望是一種模仿性的欲望。」

我們澈底遺忘了，我們正模仿著彼此，朝著相同的欲望前進。為了隱藏對方與我具有相同欲望的事實，我們深信自身的欲望、情緒、信念與痛苦是極度個人化的，同時高喊著嫉妒，憎恨與仇視某人。

57 憎恨之前，先仔細端詳吧

沒有人能不受自身評價束縛，全然地自由，但是與自己有深刻連結的人，並不會任意指責自己。就算無法理解透徹，無法準確得知個中原因，也會認為其中必定有道理，耐心等候。或許我們之所以過度防備他人、操之過急，是因為我們正是如此對待自己。

無論是我們接受的教育、從小成長的環境，抑或是現代社會文化，都很重視能展現給他人看的結果。生活在這種資訊飽和的環境下，我們養成了「要趕快拿出成果」的習慣。當我們做出足以令人刮目相看的成績，或者得到他人稱讚時，就會變得趾高氣揚、不可一世，但如果沒有拿出成績，就會自責或覺得自己不夠好，討厭自己。大部分情緒猶如雲霄飛車般起伏的人，就像乘坐在空洞的愛與憎惡的自我翹翹板上，對待自己的態度也呈現極端的傾斜。

他們尚未搞清楚狀況，就先進行評價。如果能全然接納內在的眾多部分與欲望，就會明白沒有所謂的好壞，但他們往往還沒有仔細端詳內在，就先決定了孰優孰劣。

58 追求新事物時，又依循舊方式

如果要用一句話來概括人類的悲劇命運，或許可以這麼說：「**大腦喜好新的刺激，卻只用習慣的方式做出反應。**」

這裡指出兩個事實。大腦喜好新的刺激，說得更精準一些，是「注意力的重心」，大腦會將注意力放在新的刺激上。注意力會集中在自己不了解、模糊的東西上，是為了掌握其真面目，意即先掌握它會對我造成威脅還是幫助，再決定自己該靠近或避開。唯有這樣，才能保護有機體的生命。

可是，對新刺激做出反應時，我們卻又老調重彈。我們很可能會以熟悉的模式，用過往重複許多次的方式做出反應。因為如果大腦要做出新的反應，就必須耗費相對的認知能量。我們必須重新做出判斷與推論、想法與決定，接著如果想做出動作或行為，就必須耗費更多的認知能量。要減少能量的消耗，卻又能確保自己處於更有利的生存位置上，這即是大腦最大的任務。

最終，我們才會不斷追求新的刺激，卻又依循舊有方式去處理。

59 擺脫欲望、絕望與匱乏

「小心謹慎」、「沒有主見」、「愚昧不明」、「認同需求強烈」、「自尊感低」、「玻璃心」……韓國人只要仔細觀察自己被貼上的標籤，就能發現其中有許多共同點和普遍性。這顯示出關於自己的形象和評價會受到社會文化的直接影響，也表示我們的欲望、匱乏感多半是透過學習而來。與父母的關係、童年經驗也會被放在社會文化的框架下解讀，無法切割開來。

從事諮商工作久了，我忍不住會想，也許生活在韓國的所有人，都是在現代化與工業化的過程中受傷、扭曲變形，經歷社會文化的心理創傷的生存者。

金寶拉導演的韓國電影《蜂鳥》，是以聖水大橋崩塌事件[3]為題材拍攝而成，生動地捕捉了韓國人的心理創傷。這部電影精準地描繪了現實，經濟成長與開發抹去了生活，人們被金錢與工作的洪流沖到後頭。雖然它的時代背景是二十五年前的首爾，但現今的我們看來卻絲毫不陌生。

無論賺的錢是多還是少、是否透過讀書獲取社會地位、是否做著滿意的工作、是否談著戀愛或結婚，任何人都不例外，在我們身上，社會文化造成的心理創傷已如ＤＮＡ般深根固柢。為了不被時代的洪流沖走，為了成為有用的人才，我們一路奮力掙扎來到了這裡。

如果不想重蹈覆轍，被過去所羈絆，我們應該做的不是拿自己和他人比較，

3 聖水大橋位於首爾，是橫跨漢江的橋梁，一九九四年曾發生崩塌事故，導致三十二人死亡。

盲目地追求欲望，而應該看到恢弘的格局。如果能清楚地知道，欲望既不是在我的體內產生，也不是憑空出現，就能不受到眾多欲望的束縛，獲得內心的平靜自在，同時也能擺脫另一種形式的欲望——絕望或匱乏。

人生瞬息萬變，其他榜樣持續出現在我們眼前。我想要效法的榜樣，會隨著時間改變，欲望也會持續產生不同的形貌。欲望終究無法被滿足。我們是懷有多重欲望、複雜情緒的存在，同時亦是流入浩瀚大海的溪水。

從現在開始，別輕易任由欲望操控自己。

第五章
心靈，本無一物

真心猶如一面鏡子，
會如實映照出觀者的形象，
當人消失，影子亦會消失，
鏡子內則不留一物。
不是某人的臉進入了鏡子，
也不是鏡子進入了那人的臉。

——道信，中國禪宗四祖

60

所謂的初心

「我原本是什麼樣的人。」如此貼標籤的行為，是我的意念加諸給自己的想法，並不是真心所言，也不是對真心所說的話。

我們的真心是一面巨大的鏡子，所以會如實映照出一切。它不是美的或醜的，不是好的或壞的，也不是自私的或利他的。鏡子之所以是鏡子，是因為它不具有特質。

就算想在鏡子上鏤刻些什麼，也無法如願。

61

標籤是誰打造出來的？

此時此刻，我們所經歷的一切，都是我們自行打造出來的產物。我是什麼樣子，那個人是什麼樣子，這裡如何，這件事如何，世界是什麼樣子，這些判斷與伴隨而來的情緒，全都是我所編造的。

想法會衍生想法，對於該想法的判斷會引起情緒，接著又衍生其他想法，於是滾輪便持續不斷地轉動。所以，人的想法與行為模式不會輕易改變。我們會將各種想法隨意拼貼，自行賦予原因與結果（事實上有許多時候並非因果關係）。但是，只要你能切斷這個連結，哪怕只是一秒鐘，習慣性轉動的滾輪也會失去力量。切斷一秒鐘，就會停止一秒鐘。

為了讓滾輪停下，必須察覺自己正在不斷地貼標籤，即時了解自己正持續生產「那個人好自私」、「真的好愚蠢」、「那個人害得我快累死了」等標籤。

接著，試著停止貼標籤的行為，並把它們放下。當腦中充滿判斷與想法時，就像你的雙腳只是在空中擺動，白費力氣。回到地面，試著完全活在此時此刻吧。當我們停下思考，全心全意地面對此時真正重要的行為時，行為與你之間的距離就會消失，你也將以完整的姿態存在。

62

天空不會抓著浮雲不放

運用心理學的原理與眾多技巧進行自我分析，時間久了，就會發現自己的多元樣貌。自我理解的程度會在這個過程中提升，因此光是進行這個步驟本身就具有意義。不過，這並不是全部。用比喻來說明好了，在心理諮商過程中的步驟就像描述飄浮在空中的雲朵是什麼樣子，或是什麼感覺。許多人會認為「那朵雲」即是自己，因此會分享有關雲朵的一切，給予理解，接著就能整理思緒，以更好的方式做出應對。

但如果再進一步檢視，就會發現你並不是那朵雲。你既不是晦暗的烏雲，也並非如羊毛般蓬鬆的雲朵，而是那朵雲所在的「天空」本身。我們經常會說，佛教思想的核心在於「空」，有許多人卻誤解那是指什麼都不是。但「無」或「空無一物」，指的其實是浩瀚無邊。正如飄浮不定的雲朵任意改變形貌，在「我」之內也始終蘊含著什麼。因為「我」不具任何本質、沒有實際形體，所以才得以盛裝他物。我們說真正的我、自我（Self）、真我、真心，即是能容納一切的浩瀚蒼穹。

你能容納一切，也總能盛裝些什麼，因此，只要任它來去即可，就像天空不會驅逐烏雲，也不會緊抓著蓬鬆的雲朵不放。

63 如同看電影般觀看生活

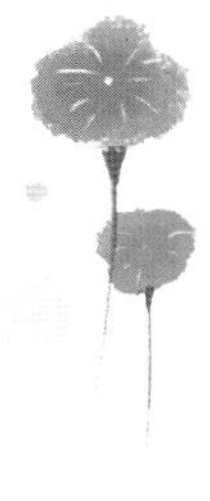

我曾經遇過一名個案，他為了兩天前發生的某件事，腦中出現了無窮無盡的想法，最後差點上吊自殺。仔細聽完來龍去脈之後，我說：

「這部電影，真是一部名作呢。它鉅細靡遺地捕捉了一個人如何走上絕路，主角既沒有逃跑，還把整部電影拍得這麼好，真是勇氣非凡！」

個案笑了。我們一起看完這部關於他的電影，開始分析它的內容，尋找每個場景之間隱藏什麼樣的訊息，找出了線索。「A↓B↓C↓D……」我們像在跨越石頭過河般，觀察到一個微不足道的日常事件，如何透過妄想生出妄想，最後膨脹成驚人巨大的結果。結束電影欣賞後，個案臉上的烏雲散去，我們又一起跨越了一座山。自殺的衝動，或者說自殺的想法，事實上都始於非常微小之處，不需要感到害怕。

我們像看了一部即時描繪內心風景的電影，相信那部電影的內容是真實的，為之欣喜、發怒、悲傷，並懷著喜惡的情緒看待登場的人物，創造出更多故事。電影的內容一再變化，登場人物會改變，情節也會改變，可能從喜劇變成悲劇，從恐怖片到愛情片，或持續不斷地編織出神祕事件。

可是，有一件事不會改變，就是我們持續在觀看它。我們觀看著所有的內容，抱持觀賞電影的某種眼光，是一名觀察者。當我們實際感受到這點時，世界就會轟然裂開，你的宇宙將會開啟。令人吃驚的是，我們的真心，並非什麼神聖不可觸及的東西。

我們像看了一部即時描繪內心風景的電影。

電影的內容一再變化，

可是，有一件事不會改變，

就是我們持續在觀看它。

64 在黑暗中轉移注意力的孩子

有一次，我在日本看到電視節目在討論如何處理孩子的恐懼，來賓是一位外國作家。根據他的說法，孩子們最害怕的事物是昆蟲以及黑暗，他處理恐懼的方法和「情緒辨別法」極為類似。

首先，關於如何面對昆蟲，就從替昆蟲取一個好親近的名字開始。當媽媽問孩子：「我們要幫牠取什麼名字好呢？」孩子就會回答：「嗯，皮皮。」

媽媽接著問：「哦，這樣啊，原來牠的名字是皮皮啊。現在皮皮要去哪裡呢？」這時候，孩子的注意力就會從「害怕」轉移到那隻昆蟲的生活上，而孩子的情緒也會跟著轉移，對話的內容很自然就有了改變。為昆蟲命名之後，就能衍生出昆蟲也有爺爺奶奶、爸爸媽媽和弟弟妹妹的故事情節。在這個過程中，孩子對於昆蟲的觀點有所轉換（Perspective-taking，角色取替），開始站在昆蟲的立場來思考，恐懼在無形中消失了。

第二，對於怕黑的孩子，可以先問他：「好暗啊，現在黑暗看起來是什麼顏色呢？」孩子可能會回答：「是黑色。」

「原來是黑色啊，還有什麼東西也是黑色的呢？」

「爸爸的車子。」

「沒錯，爸爸的車子是黑色的，可是看起來並不可怕呀。還有什麼東西也是黑色呢？」

「頭髮。」

可以像這樣請孩子列舉生活周遭其他黑色的物品，或者是拉開窗簾，聊聊外面看到的景物。「啊，少了電燈之後，可以看到之前沒看到的東西呢。」假如這時窗外能看見星星或月亮，無疑就是錦上添花了。

這兩種方法均是為了轉移注意力，將可怕抽象的對象細分成可以處理的單位，接著，情緒就會在無形中消失或減少。情緒並不是絕對的，它會根據觀看或解讀角度而有所不同。

65 同一件事有什麼不同呢？

對口渴的人來說，水是生命，但對溺水的人來說，水卻是一種危險之物。如何觀看水，取決於觀者所處的條件和狀況。每個人看到的事物都「不同」，但究竟是觀看一件事的方法各自不同，又或者是一開始就看到了不同的東西？

觀看，並不是只靠雙眼，是靠雙眼和大腦。

聆聽，不是只靠耳朵，而是靠耳朵和大腦。

嗅聞，不是只靠鼻子，而是靠鼻子和大腦。

品嘗，不是只靠舌頭，而是靠舌頭和大腦。

體驗，不是只靠身體，而是靠身體和大腦。

對於一件事具有多種想法，不是它本身有好幾種，而是我們的想法將它視為一種或好幾種。就這層意義來看，我們並不是單純地活在世上，而是活在大腦之中。

66

我在哪些方面大小眼

「當明中有暗，勿以暗相遇，當暗中有明，勿以明相睹。」

——〈參同契〉

這是唐朝在石臺上結庵打禪的石頭希遷禪師所寫的詩。儘管光明與黑暗彼此連結，如影隨形，我們卻只看著其中一邊，心生喜惡、期待與擔憂。這是因為我們看不見整體所致。

「不將光明視為光明。」意思是不去區分想法的優劣，公平地對待一切。

即便陽光照亮大地，也依然具有將彼此劃分開來的雙重性。

每個人都會區分親疏遠近、高下優劣，也因此互相造成傷害。儘管要做到一視同仁很難，但我們能留意自己在什麼方面最容易大小眼。仔細端詳自己的偏見，就能不被想法所束縛，反而能成為引領想法之人。

67 善用想法的方法

「思考」本身意味著控制，唯有緊緊抓住，邏輯才能延續，因此進行思考就像是「吸氣」。相反地，「放下想法」意味著放開，可以說是「吐氣」。

我們必須將「抓住想法」和「放下想法」區分開來。不過，抓住的時候要確實抓好，這件事也同等重要。思考某件事時，首先要覺察這個行為本身，並進行確實的思考。思考如何逃避或掩蓋想法，會變成反芻（Rumination），將自己囚禁於過去。

思考本身是一項非常出色的功能，許多人因為使用不當，結果被想法所淹沒，養成折磨自己的習慣。思考時必須好好掌握自己在想什麼，照亮每個陰暗的角落。相同地，放下想法時，就連一根髮絲也不能抓著不放。**只要明確區分抓住與放下想法的時機，就沒有什麼能阻礙你。**

68

內心會流動

內心猶如滔滔不絕流動的溪水，它不會在某處停滯不前，而是會隨著環境變化、流動，忽隱忽現，這即是它的本性。

因此，如果沒有在情緒上添加想法，它就無法持續太久。假如你長時間被某種不舒服的情緒束縛，那是因為你經過反覆的思考，緊緊抓著那種情緒不放。問題不在於情緒，而在於面對情緒的態度。當你試圖想要消除某種情緒，或想要避免再次感受到那種情緒，原本會自然流逝的情緒就無法即時流走。

試圖接近安全的、美好的東西，遠離危險的、討厭的東西，這是動物的本能，但人具有語言和認知能力，會想像、推論與預測，也因此反而會掉入陷阱。令人開心的、美好的東西會膨脹為幻想，演變為渴望與成癮，同時我們會試圖避免令人厭惡的、危險的東西，以至於形成強迫症、偏執、憂鬱與不安等各種心理問題。

身體時時刻刻都在活動與產生變化。我們在不知不覺中一天比一天蒼老，生病並走向死亡。心靈是由身體形塑而成的畫作，因此內心同樣會創造各種內容，進行各種拼貼，改變形貌，接著很快就消失不見。**只要我們靜靜地接受它們的變化、消失，就不會試圖想去控制，也不會受其控制。**

假如你長時間被某種不舒服的情緒束縛，
那是因為你經過反覆的思考，
緊緊抓著那種情緒不放。
問題不在於情緒，
而在於面對情緒的態度。

69

日常生活中的「鉤子」

藏傳佛教中所說的「賢巴」（Shenpa），就是「上鉤」之意。在我們的日常生活中有大大小小的「賢巴」，它是引發思想、言行舉止的扳機，是攻擊性、渴望、衝突和壓抑的根源。

只要是人，必然會經歷內心懸著什麼的時候，為其心生欣喜或厭惡，並受到想法和情緒的控制，持續在原地打轉，無法向前進。當某人的言行舉止讓人看了不順眼，或引起內心的不快時，我們就會不自覺地採取攻擊姿態。我們會諷刺他人或以言語回擊，也會猛力關上門、露出譏諷的笑容，或朝著對方的臉揮出一拳。

無論發生的事大事小，微不足道或驚天動地都不重要，此時經歷的情緒是憤怒、羞恥心或自卑感也不重要，因為問題不在於發生的事件或情緒本身，**真正的問題是，我們無法承受那一刻的心情，迫切想宣洩的衝動。**

70 掩蓋情緒的行為

沒辦法將內心產生的攻擊性宣洩在他人身上時，我們就會將箭靶轉向自己，指責自己、詆毀自己、怪罪自己，對自己破口大罵。

「笨死了！笨蛋！為什麼又重蹈覆轍？問題都出在你身上！」

光靠言語還不足以洩憤，我們甚至會捶打自己的頭，或用刀刃劃傷自己的手腕。習慣攻擊自己的人，每當強烈的負面情緒湧現，全身的瘀青與刀痕也會跟著增加。最近自我傷害的青少年日益增加，但重要的不在於自我傷害的行為本身，我們必須檢視，他們這麼做是為了逃避什麼、試圖掩飾何種情緒。

有些人會直接顯露出攻擊性，也有不少人會選擇將不舒服的情緒擱在內心，經常採取迴避或逃跑的策略。為了遺忘不快的狀態，最廣泛使用的工具即是智慧型手機。當情緒陷入低潮、變得惡劣時，人們就會鑽入快速運轉的影片、遊戲或社交網站之中，試圖用新的刺激來掩蓋此時的心情。有些人會不斷重複進食後嘔吐的行為模式，或在購物網站穿梭，持續把商品丟入購物車，或酗酒直到失去意識，又或者尋找某個能讓自己遺忘此時惡劣心情的人。

這種應對習慣並不是你本來就擁有的天性。沒有人天生就會傷害自我，或者從兩歲開始就對遊戲上癮，而是在試圖處理碰到的狀況時，不自覺地從事某種行為，隨著經驗一再發生，於是形成了固定的模式。每個人都具有運用手邊的方法擺脫危機的傾向，所以剛開始只是偶然，做出該行為之後，發現似乎解決了當下的問題。**但時間久了，這種臨機應變的回應方式會造成許多副作用，**非但無法解決問題，反而還會衍生其他問題。

71 回應「上鉤」的方法

表面上看似不同的行為，細看卻發現其中藏有類似的原理，都是為了盡快甩掉或消除厭惡的情緒、仇視的想法或不舒服的感覺。當體內無法完全裝下內心產生的情緒，我們會想要把它們傾倒在某處，企圖壓抑、迴避或逃跑。每個人會產生敏感反應的情況或許不同，但有效應對的方法卻是相同的。佩瑪・丘卓在自己的著作《不被情緒綁架》（*Taking the Leap*）中，用三個階段來說明如何回應生活中的「上鉤」，也就是回應賢巴的方法。若用心理學的角度來補充，可整理成以下五階段：

第一階段

覺察此時的我「上鉤了」，掌握平時我會對何種主題或問題難以釋懷，出現執著或敏感反應，以及我容易「上鉤」的情況有哪些基本條件，了解之後將有所幫助。

第二階段

當我不自覺地想要採取某種行為時，立刻大喊：「暫停！」並緩緩地做三次深呼吸。即便只是一兩次沒有做出習以為常的自動反應，也能成為改變模式的重大契機。（等一下！現在想說的話或行動也都暫停！先調整一下呼吸吧。）

第三階段

向體內產生情緒、欲望或衝動的部分打聲招呼，表示你已經覺察它的存在，讓它稍微冷靜一下後，接著「去做現在需要做的事」。無論我的內心狀態如何，有時我們會碰到必須完成眼前的工作，或者必須和眼前的人進行適當溝通的現實情況。儘管內心感到不舒服，仍然去做此時必要的行為。讓外界的事情進行下去，同時掌握自己的不適感，清楚地覺察它的存在。

第四階段

用溫暖、親切、好奇的開放心態，全然地「感受」此時的經驗。孤單的感覺、彷彿獨自被拋下的恐懼、彷彿遭人無視的憤怒、想要報仇或揍人的心情、鬱悶委屈的感覺、想放棄一切逃跑的心情、有氣無力的心情、挫折感、自卑感、羞恥心、敵意、恐懼……無論是什麼樣的情緒或感覺，完整地去感受體內的一切。它可能看起來是紅的、是黑的，也可能以情緒性的字眼或語句出現。你也可能會覺得腹部、頭部、肩膀、背部或手腳等身體部位，格外能感受那股情緒或衝動。「此時發生的是什麼？」重要的是不要將它隨手亂扔，而是在「我」的身心內，產生欣然擁抱它的心情。

無論是何種情緒、想法、感覺經驗，都不代表整體的我，它不過是我們體內的一部分，是部分的經驗。帶著「整體的我」，以溫暖的手輕撫內在各個部分的感覺，仔細傾聽，另外，藉由冥想或散步來觀察內在也會有幫助。

第五階段

「任由它流逝。」此時這場鬥爭要走多遠？要持續多久？一週？一個月？還是一年？無論是多麼強烈的情緒、多麼煎熬的想法都無法持久，終究都會變化、消失。無論體內產生的想法、情緒、感覺或經驗的內容是好是壞，只要放任它去，它很快就會隨著時間一起流逝。我們檢視內在的理由，並不是因為其中存在著多麼偉大的實際形體，反而越是深入窺探，越能深刻體會到內在的空無一物。**裡面什麼都沒有，我們卻始終以為裡面有什麼，並論斷其好壞。**如果想了解「原來我太過處心積慮地糾纏，太想甩掉原本就不存在的東西」，必須仔細傾聽內心，這是為了覺察，究竟是什麼把我推向了那種模式之中，並就此打住。

72 澈底理解自己的恐懼

恐懼，會成為遇見自己最好的起點。只要能夠充分理解自己的恐懼，也就能理解其他情緒和欲望。**即使我們說，所有情緒和欲望都是從名為恐懼的核心開始，進而擴散到四面八方也不為過。**只要能洞悉這點，對他人的理解也會如行雲流水般自然產生。我們能揣度所有人普遍擁有的痛苦，同時對自己與他人產生憐憫。

從事諮商工作久了，會遇見許多敏感的人。既然生性纖細敏感，應該很能掌握自身的情緒，也因此更加了解他人才對。可奇怪的是，他們卻沒辦法對他人產生共鳴，反而不懂得察言觀色，時而做出沒頭沒腦的舉動，或者不恰當的反應，讓人驚慌失色。相較於不敏感的人，為什麼敏感的人有時看起來更難對他人產生共鳴呢？

個案A認為大家都不怎麼喜歡他，所以認識新朋友時總會感到緊張，但在職場上畢竟難以避開他人，因此他花了許多心思想與認識的人和睦相處。為了避免做出令人討厭的行為，防止和他人起衝突，他總是觀察對方的眼色，努力討好對方。

做出這些努力時，自然會消耗許多能量，時間久了，疲勞也逐漸累積，即便是面對雞毛蒜皮的小事，A也會怨天尤人。他的被害意識開始萌芽，認為自己忍耐多時，凡事配合他人，可是大家卻那麼自私自利，只圖自己的方便，所以面對瑣碎小事時，他有時會突然勃然大怒，或不自覺地做出冷酷無情的言行舉止，招來人們的誤會。

因此，雖然A付出許多努力想和他人和睦相處，大家卻認為A很「敏感龜毛」或「不懂得察言觀色」。

恐懼，會成為遇見自己最好的起點。
只要能夠充分理解自己的恐懼，
也就能理解其他情緒和欲望。

73 憎恨不會只朝一個方向

「批判或憎恨他人輕而易舉，但憎恨某人時務必注意，因為『溝通』持續在對象和你之間發生。倘若你帶著憎恨的眼光觀看外面的世界，憎恨的目光不會只朝著一個方向。請記住，當你看著世界時，世界也同時看著你。」

這是片桐大忍禪師[4]所說的話。有時我們會感覺到，某人對待我的態度似

4 近代西方最具影響力的禪師之一，著有《不得不說的禪》。

乎突然有了轉變。原本相處得很融洽，可是氛圍卻莫名改變了，或者感覺那個人正在躲避我。碰到這種情況時，基本上都是因為我的態度先有了改變，才會感覺對方的態度有了變化。

我是不是懷著埋怨或憎恨那個人的心情？我有沒有在他人面前說出詆毀他的話？是不是我先讓對方感到不自在？請仔細地觀察一下吧。

74

怒火中燒時的三種選擇

「他怎麼可以有那種想法？」或「他怎麼可以對我說那種話？」當你對著某人怒氣沖沖時，你有三種選擇可做。

1. 以牙還牙，以眼還眼。當你同樣對傷害你的人發脾氣或攻擊對方，就算一時之間會感到痛快，卻會錯失學習的機會，等於是把學習的新鮮材料直接拿去扔掉。

2. 腦中持續回想對方說的話，並且鑽進自我指責和貶低的山谷中。一邊過度解讀對方的訊息，認為「我就是這麼差勁、沒出息，別人才會這樣說」，一邊鑽進想法的洞穴中，危害身心健康。不僅影響到學習，也導致關係惡化。

3. 觀察瞬間衝上來的憤怒源於何處。這種練習反覆做幾次，就會明白在內心發生的「好」或「不好」只是我所描繪出來的一幅畫，很快就會褪色、改變。這等於是以新鮮的材料直接進行烹調，可以當作一種學習。能夠持續學習，憤怒也很快就會熄滅，因此身體也不會受到傷害，對各方面都有益處。

搭乘公車時，窗外的風景看似不斷在移動，但實際上移動的卻是我所搭乘的公車。發生擾亂心情的事情時也一樣，有很多時候是因為未能覺察我的心持續不斷地在改變。

被對方的「話語」牽絆時，就會看不見自己。

75 問題不再是問題

不分東方西方，現代的心理學家均強調正念（Mindfulness）與接納，也就是說，察覺並接受經驗本身即有益身心健康。越是想強迫改變想法或情緒，注意力反而會朝該處鑽牛角尖，結果令自己更加痛苦。這種觀點的根源是佛教，日本鎌倉時代著名的道元禪師就曾說過以下的話：

「放棄東邊，躲藏至西邊，不代表西邊沒有任何問題。假如你持續逃跑，你周圍的問題將會層出不窮。越是想將問題推得遠遠的，執著就越深。」

問題出現時，就與問題共存。和問題一同呼吸，一同行走，一同進食，那麼，它就不再是問題。若一味埋怨自己本來沒有這個問題，為什麼它會跟著我，並期望它能快點消失，痛苦只會日益擴大。

我們之所以會對某件事判斷好壞對錯，是因為沒有真正把它當成自己的事情看待。因為和它保持距離，才會產生判斷和想法。碰到什麼事侵犯內心時，不應該保持距離並進行批判，而應該跳入裡面才對。只要和它合而為一，就再也不會產生判斷和情緒。專心致志時，甚至連依附或執著的想法也不會出現。

假如我們認為自己應該認真做某件事、將某件事做好，那就不應該執著於想法，而是聚焦在我所建立的「距離」或「縫隙」，**因為真正妨礙你的不是想法，而是那個「距離」**。

76

其實，你不會受傷

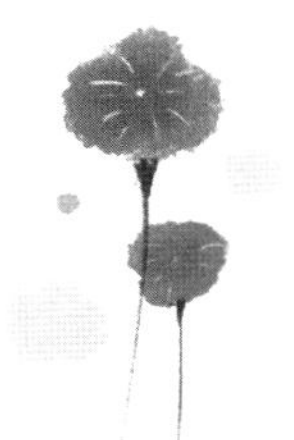

能時時看清內心的變化，就不會怪罪他人、感到惋惜或心生怨懟。我們的想法或情緒、感覺或判斷等各種經驗，都是隨時改變形貌的浮雲。如同天空不會因為雲朵改變形貌就消失，就算你經歷再糟的情況，真心也不會因此就被遮掩。猶如雲朵無法玷汙天空，我們的經驗也無法對真正的自我造成傷害。

因此，「我受傷了」是想法對想法說的話，是雲朵對雲朵說的話，它並沒有實際的形體。

你的真心不可能會受傷，因為它是浩瀚的時間之流，是廣袤無邊的蒼穹。

第六章

不再為意志費心

善於自我調節的人，
會為了心中理想的行動，
耗費較少的意志或努力。

——約翰・巴奇（John Bargh），
美國心理學家

77

比反覆下定決心更有效果的事

「我的意志力薄弱，所以對事情的熱度維持不了一週。」

「我的問題就出在懶惰，從來沒有按照計畫實踐過。」

「我做不好自我管理，怎麼做才能持之以恆呢？」

這是我們經常會在周遭聽到的問題。多數人認為自我調節需要耗費相當多的意志和努力，看到有人能持之以恆就覺得他很了不起，但如果你遇到了研究自我調節的社會心理學家，就會聽到意想不到的說法。

舉個例子吧，假設這裡有剛爆好的新鮮爆米花，以及擱置多時已經變軟的爆米花，你的手會伸向哪一邊呢？當然是新鮮的爆米花。在一般的情況下，我們偏好新鮮的爆米花，而不是口感變軟、散發油耗味的爆米花。

但是根據一項實驗研究，習慣在電影院吃爆米花的人，無論拿到的是新鮮的爆米花或已經發軟的爆米花，看電影時所吃的爆米花量都不相上下。但同樣的一群人，在實驗室拿到爆米花時，吃軟掉爆米花的量都明顯比新鮮爆米花少，表示當「電影」這個因素消失後，對爆米花的味道也跟著敏感起來。

我們長期養成的習慣就像這個實驗，無形中深受我們面臨的狀況、脈絡造成的訊號所影響。若是依照何時、何地、為什麼，逐一拆解我無心做出的舉動，就能找到觸發該行動的訊號。**想要改變長久以來的行為模式，找出該行為的訊號，比三番兩次下定決心更能達到事半功倍之效。**因為當自我調節疲勞時，意志很容易變得有氣無力。

78 自我調節疲勞

你前往咖啡廳去見友人，咖啡店老闆端上了點心，要你在等待友人的同時自在地享用點心。想像一下桌上放了兩個盤子，一個裝了看起來十分美味的巧克力，另一個裝了條狀紅蘿蔔，吃哪一種比較好呢？

這是實際進行過的心理學研究。研究人員召集一群年輕人，將分別裝了巧克力和紅蘿蔔的盤子擺到他們面前。每個人可以自由選擇吃哪一種，而根據實驗結果，相較於吃巧克力的人，吃紅蘿蔔的人心臟跳動緩慢，副交感神經活動增加，且心率變異性（Heart Rate Variability）高。這代表選擇有益健康的紅蘿蔔，而不是吃起來好吃的巧克力，是經過有意識的自我調節。

在必須進行自我調節的情況下，人類的免疫系統會受到抑制，心臟跳動會趨緩，新陳代謝的活動也會減少。會發生這類變化，是因為人類的生理基本上具有保守的特質。在需要自我調節的情況下，身體新陳代謝變慢的現象，則可解讀成為了之後做出選擇和執行，因此暫時減少整個身體的活動，保存能量。

從生理學的觀點來看，必須長時間維持自我調節的情況，對生存造成極大的威脅。因此，在威脅達到致命的程度之前，身體會向大腦發送訊號，使其感覺到「自我調節疲勞」，也等於是未雨綢繆，事先預防能量消耗殆盡。當身體感到疲倦時，注意力難以集中，也就難以運用更多能量進行自我調節。所以，感到疲倦時應該避免做重要的決定，或迫使自己置身於具挑戰性的情況之中。**身體和大腦都需要先休息，才可能進行有效的控制。**

特別是因為疾病或壓力等因素造成心率變異性低的人，可能會難以進行自我調節，因此要避免容易疲勞的情況。持續透過冥想、散步、運動和良好的飲食習慣，將有助於改善情況。此外，活用「執行意圖」或「解釋級別理論」，了解自我調節自主發生的方法，就不必耗費太多力氣在認知上，自我調節疲勞的情況也會減少。

在自我調節疲勞時，意志很容易變得有氣無力。
了解自我調節自主發生的方法，
就不必刻意耗費認知上的努力，
自我調節疲勞的情況也會減少。

79 根據情況規劃不同行動方案

「我以後絕對不吃宵夜！」

「以後晚上肚子餓的時候，我只喝牛奶和水！」

哪一種更容易達成目標呢？

人類的意圖中包含了「目標意圖」和「執行意圖」兩種。無論目標再怎麼強大，無法達成的情況總是比較多。這是因為想要達成目標，大多需要耗費時間，而且在追求的過程中，要持續不懈地維持自我調節並不容易。有別於「我會達成Z！」的目標意圖（例如：戒掉有害健康的吃零食習慣），「碰到X情況時，我要做Y！」（例如：肚子感覺很空虛、想吃餅乾時，就吃番茄），這種根據情況規劃不同的行動就稱為「執行意圖」。

目標意圖只單純包含期望的結果狀態，執行意圖則包含「狀況」和「行動」兩種要素。就像英文中的「If」（假如～）意味著自己的特定狀況，明白表示做出行動的時間和地點；此外，「Then」（我就要～）則表示自己應該如何採取行動。

用一句話來形容執行意圖，就是讓情境的訊號與當下需要追求的目標形成緊密連結。一旦形成良好的連結，碰到重要的情境訊號，就會把控制權交給有意圖的目標相關行動。**事先設定好執行意圖，就不需要進行太多有意識的控制，也因此能減少自我調節所引起的疲勞。**

80

因為已經事先做了模擬

為了讓大腦接受，唯有實踐過一次之後，下次做起來才會得心應手。執行意圖比目標意圖更具立竿見影之效，原因就在於此。

「我會達成Z！」這類的目標意圖本身就是永遠的未來式。相反地，設定「碰到X情況時，我要做Y！」這種執行意圖時，大腦就已經實際模擬了一次狀況，因此大腦會把它認知為過去式。**因為認知上已經根據模擬做出預測，因此執行該想法或行為的可能性很高。**

事先做過模擬後，即使是面對情緒變化等內在刺激時，也能應對得更為恰當。假如只有目標意圖而沒有執行意圖，那會怎麼樣呢？

舉例來說，假設你的目標是避免吃甜食與鹹食、保持規律運動，同時達到減重的效果，剛開始你雖然憑著堅定的意志遵守，某一天卻碰上了危機——你必須代替組長在開會時做簡報。做簡報三天前，焦慮感瞬間湧上，你突然很想吃披薩、炸雞、蛋糕、甜甜圈等高熱量的食物。反正為了撰寫資料也沒辦法去運動，為了減少壓力，至少應該一邊做，一邊盡情吃想吃的東西吧？你開始找各種合理化行為的藉口。焦慮感讓你的目標產生了動搖。當內在刺激妨礙到追求中的目標時，維持原定計畫就變得難上加難。

但是在平時就設定執行意圖的情況下，能大幅提高面對情緒上的動搖仍不為所動的可能性。根據研究，具有執行意圖的人，相較於不具有執行意圖的人，在面臨運動比賽時的不安、考試的不安、社會的不安等各種情緒障礙時，都更加處變不驚。

81

改變行為的，不是想法或意志

擁有想改變習慣的意志卻不見成效，原因在於試圖用想法改變行為。能夠改變行為的就只有行為，而不是想法、情緒、意志或動機。因此，如果想要中止在某種情況下習慣做出的行為，就必須制定具體的準備，好讓自己面臨該情況時能即刻採取新的應對行為。

我們在做出某種行為時具有脈絡，無論自己有沒有意識到，我們都是因為有各自的目標才會採取行動。可是，習慣性的行為幾乎是反射性出現，所以我們很少會意識到該目標的存在。但是，在進行特定行為之前，先稍微停下來檢視自己是否產生某種情緒或需求，並在做出該行為後確認自己產生何種感覺，觀察做出習慣性行為前後的內在變化，就能找出自己在何種情況下、受到何種刺激後，會出現該類反應。

舉例來說，假設有人在每次生氣時就會吃鹹食。剛開始他認為自己單純只是「因為很生氣，想要消除壓力才吃」，但吃了這麼多鹹食後，血壓和膽固醇數值上升，神經系統也受到影響，各種心理症狀可能會漸趨惡化。這是我們之所以需要進一步檢視自動反應之間的連結，逐一確認何種情緒會引起何種想法和行為的原因。

會在壓力大或心情不佳時吃東西，也就是所謂情緒性進食（Emotional eating）的人，尤其必須檢視自己會在何種情緒狀態或特定情況下出現該行為。掌握情緒性進食對自己提供的功能，找出能夠提供該功能（例如：改善心情）的其他行為，設定執行意圖後，碰到心情不好的情況時（X情況），就執行事先訂好的行動（Y行動），就能以較正面的行為來應對。

想要改掉的習慣也一樣，先透過觀察，確認會引起習慣性反應的決定性訊號，之後，決定應對的行動，直到下次偵測到該訊號時，做出新的回應行為即可。為了達成同一個目標，我們需要的不是既有手段，而是使用新的手段。經過反覆執行，就能加強新手段與情境之間的連結，原有的手段也會失去力量。

擁有想改變習慣的意志卻不見成效，
原因在於試圖用想法改變行為。
能夠改變行為的就只有行為，
而不是想法、情緒、意志或動機。

82

手段會抑制其他手段

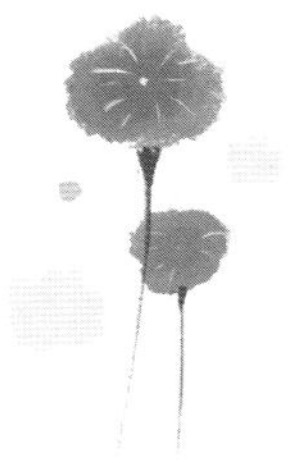

當某種目標和達成該目標的手段存在時，手段與目標之間會形成「相輔相成」的關係，但手段和其他手段之間則會形成互相「抑制」的關係。這是美國社會心理學家克魯格蘭斯基（Arie Kruglanski）等人在目標系統理論（Goal system theory）所提出的說法。當目標啟動某種手段時，其他手段就會受到抑制。

舉例來說，讓我們想像一下，有一天A在公司經歷了非常不開心的事。雖然組長只是輕鬆地講了句玩笑話，卻不巧碰觸到A長久以來苦惱的問題，A因此受到了傷害。A擔心會顯得自己心胸狹小，一句話都不敢回嘴，回家時卻感覺心情越來越糟。一回到家，為了甩掉惡劣的情緒，A開始玩電玩遊戲。沉浸在電玩世界，讓A得以忘卻一切，一晃眼就凌晨一點了。

為了忘掉壞心情或轉換心情，A選擇的手段是「電玩」。感到憂鬱、不安、擔憂，產生負面的感覺或想法時，A通常會選擇玩電玩。在這之前，他原本喜歡和好友們把酒言歡，但好友們接二連三地結婚，不容易見到面，從此以後為了安撫自己的情緒，A就會進入電玩的世界。把電玩訂為轉換心情的手段後，不知從何時開始，他開始覺得聯絡別人、約朋友見面、喝酒聊天很麻煩。

過去A用來轉換心情的行動是和好友見面聊天，但隨著手段轉換成電玩之後，碰到相同的情況時，他再也不會去找朋友。也就是說，在轉換心情的眾多手段中，電玩占的比例大於和好友聊天。只要有一次感覺到電玩能有效轉換心情，接下來想轉換心情時，想到電玩的機率就會提高。

和好友碰面聊天、散步、看書或看電影、運動等各種手段，都被電玩擠到了後面。對A來說，轉換心情的手段變成了電玩，電玩的行為因為有助轉換心情而被強化，一般用來轉換心情的其他活動則因電玩受到了抑制。

因此，**最好事先準備至少三、四種心情不佳時能進行的活動清單。**假如只有一種，對它產生依賴的可能性就會變高，成癮的可能性也會提高。當然，成癮問題超越了單純的習慣問題，是由大腦補償系統障礙等更複雜的心理機制所引起。

83 準確掌握壞習慣的用途

只要碰到某種情況，我們就會做出某種特定行為，甚至自己經常來不及察覺。

舉例來說，悲傷時（特定情況），為了轉換心情（特定目標）而不斷酗酒（特定行為），後來只要碰到引起悲傷的情況，就會馬上產生喝酒的念頭。由於這是在意識進行控制或察覺之前，就已經收到情境的訊號並自動出現的行為，因此難以靠意識中斷，要改變也不容易。

只要置身於某種情況，就會自動出現特定行為，這是「情境－行為連結」。

可是，正如我們前面所提的，根據目標系統理論，達成某項目標的兩個手段彼此處於競爭關係，當你讓有別於既有習慣的行為，與特定情境、目標形成強力連結時，過去的習慣性行為與該情境或目標的關係就會自動減弱。

總而言之，戒掉壞習慣的最佳辦法，在於打造應對的新習慣。尤其是準確掌握壞習慣被用於「何種情況」、「何種目標」，並具體制定出回應過去行為的「新行為」。意即，掌握我的行為中具有何種情緒意圖、何種動機，接著形成執行意圖。

嘗試跟著做一次吧。我向來在碰到「某情況」時，都會為了「某目標」而做「什麼」，從現在開始，當「某情況」發生時，我會做「另一件事」以達到「某目標」。例如，當我感到心情鬱悶時，向來都會借酒澆愁，但從現在開始，當我心情鬱悶時，就會到公園散步半小時，以轉換心情。

84

過於忙碌的我們

「一次做兩件事，就等於什麼都沒做。」

這是古羅馬哲學家普布里烏斯．克拉蘇（Publius Licinius Crassus）說的話。

我們總是做了太多事，甚至沒有意識到自己在做什麼。

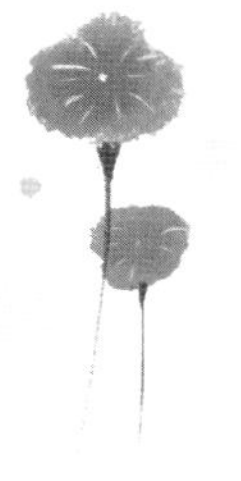

85 心理距離與解釋級別理論

自我調節絕對不是件容易的工作，它不只代表耐著性子完成某件事，或是無法忍耐而中途放棄，而是為了使自己的想法、情緒和行為符合目標，加以管理，經過逐漸適應的過程，實則可以稱為一項龐大的工程。當中包含了決定要追求何種目標，規劃達成目標的方法，以及按照計畫執行。除此之外，還包含了保護目標免於受到妨礙，以及經歷成功和失敗的同時，決定要堅守目標，或是拋棄、改變目標等各種複雜要素。我們經常會碰到當下利益與未來利益互相衝突，或者眼前的誘惑過大，因此陷入天人交戰的情況。

碰到內在衝突，以至於難以進行自我調節時，可嘗試套用「解釋級別理論」（Construal level theory）這個有效的方法。

解釋級別理論始於「心理距離」（Psychological distance）的概念。根據這個理論，我們對於某件事的解讀和反應，是以自己此時所身處的位置為中心，根據「心理距離」的遠近而有所不同。這裡的距離，意味著時間性、空間性、社會性和假設性的距離，時間或場所的遠近、與我的關係親近與否、發生的可能性高或低，都包含在內。**以我為中心的心理距離越大，事件或對象造成的心理距離就越遙遠，因此會採用高級別的解釋。**

舉例來說，我們很容易把明年發生的事，或其他國家發生的事件視為抽象、籠統的，但對於明天會發生的事，或在我的居住地發生的事件，則認為是具體、區域性的。無論是近在眼前的未來、近處或熟悉的人，我們都掌握了相對較多的情報，所以很自然會感覺到這種程度上的差異。

但是，只要進一步檢視這個理論，就會發現一項有趣的事實。因為不是只有環境造成的差異，個人的傾向也出現了差異。有些人傾向使用高級別的解釋，有些人則更頻繁使用低級別的解釋，而這也會對自我調節造成影響。

我們對於某件事的解讀和反應，
是以自己此時所身處的位置為中心，
根據「心理距離」的遠近而有所不同。

86

我經常使用哪種級別的解釋？

試著回答以下簡單的問題吧。不必思考太久，必須用直覺作答。

首先，說要去看牙醫時，你會想到什麼？

你會想到要治療蛀牙或拔智齒？又或者是當成健康檢查、健康管理的一環？

第二，說到「打掃」時，你會想到什麼？

你會想到使用吸塵器或用抹布到處擦拭？又或者是「讓周遭環境變乾淨」與「家事的一環」這類答案？

第三，說到「購物」時，你會想到什麼？

你會先想到自己經常光顧的超市或百貨公司的名稱嗎？又或者是「購買物品的行為」、「轉換心情」等答案呢？

最後，說到「朋友」時，你會想到什麼？

你會想到「南俊」、「賢珠」等實際朋友的名字，又或者是「所謂的朋友，就是互相信賴的關係」、「朋友，就是讓你能稍作歇息再重新出發，如同樹蔭般的存在」之類的答案？

關於這四個問題，你的回答接近哪一邊呢？如果多半出現像前者的具體回答，就表示你經常做出低級別的解釋；如果出現如後者的抽象回答，就代表你經常做出高級別的解釋。

87

若想看見更大的格局

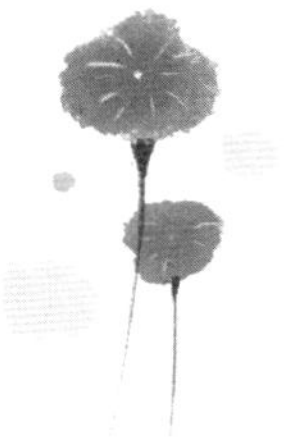

善於自我調節的人，是目標和動機明確，具備與其相符的價值觀與行為結構的人。雖然在此需要高度認知能力，但認知抽象化（Cognitive abstraction）可說是最重要且最具決定性的心理機制。所謂的抽象化，是指表面上看似各自不同，但超越膚淺面向，找出共同特質的作用。只擷取核心，觀看彼此之間有何相似與相異之處。

會對人們的決定與行為造成影響的，終究不是某種客觀特徵，而是主觀的解釋。舉例來說，關於某個政治人物的突發行為，假如那人是隸屬我支持的政黨，我就會說他「不畏他人眼光，具有膽識」，但對於立場與我相反的人來說，則會認為他「缺乏基本禮儀，厚顏無恥至極」。根據各自的解釋不同，對於特定事件、對象乃至世界的理解也會不同。有些人的抽象化傾向強烈，經常帶著中長期的觀點站在遠處觀看，做出與之一致的決定，有些人則帶著短期的想法，根據此時身處位置的利益、喜好做出行動，兩者顯現出差異。

無論碰到任何事、對象的整體特質為何，將焦點放在抽象面的解釋就稱為「高級別解釋」，將焦點放在細枝末節的特質或具體面向的解釋，就稱為「低級別解釋」。舉例來說，關於「運動」的高級別解釋是「有益健康的行為」，低級別解釋則可以是「重訓」或「慢跑」。

提出解釋級別理論的學者主張，當人們的想法停留在低級別解釋時，就會無法意識到目標或方向，對具體線索更加敏感，因此很可能在面對眼前的誘惑時難以把持並失去控制力。這也表示無法看到更大的格局，導致進行自我調節時，要符合長期利益或目標對他們來說更加困難。

為了有效進行自我調節，高級別解釋和抽象思考能力都是必備的。經過多次實驗驗證實，相較於低級別解釋的人，高級別解釋發達的人具有延遲即時滿足的傾向及高度耐心，碰到妨礙自我調節的誘惑因素時，也比較不容易動搖。

88

對稱讚與認同過度敏感

通常我們接收到他人的負面意見時會產生負面的心情，但如果想要獲得長期的成功或非凡的成就，就必須將負面意見視為動力，加以改善並精益求精。接納負面意見、用正面積極的角度解讀，與接受稱讚與激勵同樣重要。不過研究顯示，為了迴避短期的痛苦情緒，人們具有忽略、擺脫負面意見的傾向，但在傾向高級別解釋的人身上，這種防禦傾向卻呈現下降趨勢。

相較於傾向低級別解釋的人，高級別解釋的人對自己的負面意見保持開放的態度，這些人也更能容忍負面資訊。相反地，把重點放在此時的正面經驗、好心情的人，更傾向於收到正面意見、稱讚與激勵，因此，當他們得到正面評價時會喜不自勝，但如果獲得不符合期待的評價時，就很可能心情惡劣，意志消沉。

為了獲得他人的稱讚與認同而過度努力的人可能會說，自己的認同需求高，才會感到痛苦，但這樣的人有必要檢討平時的想法是否和解釋級別有關，檢視自己是否常常做出低級別解釋，或者缺乏長期目標和目的，才會受到此時的經驗箝制與淹沒。

當然，過度的認同需求並不是那麼簡單的問題。認同需求與父母的教養態度、幼年經驗、依附與羞恥心、自責傾向、完美主義、自戀症等眾多複雜要素有關，很難斷定是因為某一項因素才發生，但多數皆可透過解釋級別理論來改善。

89 改變脈絡，意義也跟著改變

只要改變解讀角度，就能改變心理反應或補償。假設有人想要減重，當此人看到甜甜圈時，如果他內心想的是「好想吃香甜可口的甜甜圈，但我必須忍耐」，那麼想吃的念頭和必須忍耐的念頭就會起內鬨。相反地，如果看到甜甜圈的當下，內心想的是「甜甜圈是油分、砂糖和麵粉的混合體，是會妨礙我達成目標的障礙物」，那麼想吃的欲望就會降低，也因此沒有忍耐的必要。

改變脈絡時，補償結構和意義也會跟著改變。在和自我調節有關的所有領域中，降低誘惑的產生，要比抵抗誘惑更有效。就某些意義來看，**自制力高的**

人、善於自我控制的人並不是付出許多努力的人，而是誘惑發生的機率較低，因此以結果來看，他們也就不需要耗費太多力氣在忍耐上面。

想起某個對象，並要求自己忍耐，反而會導致自己對該對象的注意力提高，誘惑的強度也會同時提升。相較之下，透過高級別解釋概念進行迂迴的控制，能降低對該對象的注意力，因此能達立竿見影之效。此外，將誘惑的對象和負面解釋加以結合，也有助於控制。根據研究，對主要做出高級別解釋的人來說，誘惑與負面性的關連緊密，因此他們會對誘惑的對象產生負面認知，較不容易被誘惑動搖。

在和自我調節有關的所有領域中，
降低誘惑的產生，
要比抵抗誘惑更有效。

90 當低級別解釋更有效果時

高級別解釋並非萬靈藥，具體規劃某件事時，低級別解釋是必需的。而且，有些研究指出，經歷挫折和失敗時，低級別解釋的效果更佳。當目標無法達成時，我們會思考失敗的原因。這時，主要做出低級別解釋的人會在具體的情況中尋找失敗的原因；主要做出高級別解釋的人，則很容易把事情不順利歸咎於自己。因此，碰到負面事件時，經常做出高級別解釋的人較容易陷入憂鬱情緒，不斷反芻。

此外，追求目標時碰到大大小小的失敗是很正常的，但高級別解釋的人具有過度類化、以偏概全的傾向，只要經歷一次失敗，乾脆放棄目標的機率可能更高。因此，當事情不如想像中順利，或者目標看起來太過高遠而倍感挫折時，聚焦在具體線索的低級別解釋會更有幫助。

這與樂觀者的困境類似。著重在事情光明面的樂觀主義者，碰到正常情況時，免疫力要比悲觀主義者佳。但根據研究，碰到困難時，樂觀者的免疫功能反而會比悲觀者差。樂觀者期待事情會一帆風順，因此更難以接受不如預期、壓力長期化或目標互相衝突的情況。他們深信情況是正面樂觀的，自己能夠掌控局面，因此當與期待相反的結果出現時，更容易感到壓力。

91

短期目標與長期目標

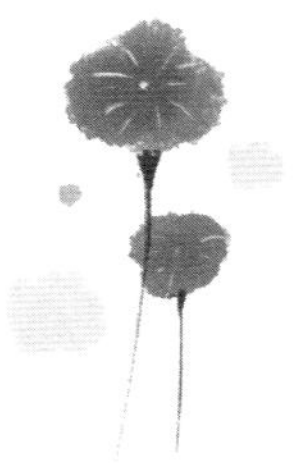

自我調節的核心，就在於調節長期、抽象的目標，與即時、具體經驗的間隔。究竟應該依照減重計畫吃沙拉、去運動好呢，還是和難得見面的好友們一起吃炸雞、喝啤酒呢？今天應該先讀完考試的內容再去玩好呢，還是先看完電影再念書？我有個想買的東西，但究竟是該為了旅行省錢好呢，還是趁錯過之前先買了再說？

進行高級別解釋時，會考慮某個行為目標是否具有價值。相較於眼前可見的未來，價值或信念會對遙遠未來的決定造成更大的影響。相反地，為現在或近期做出決定時，人們較可能將重心放在手段、方法、現實性，做出選擇。做出高級別解釋的人會考慮「這是我想要的嗎？」低級別解釋的人則是考慮「現實中做得到嗎？」

關於眼前可見的未來，相較於自己的價值、信念和目標，人們更容易受到當下的情況或脈絡影響。因此，把這種傾向套用在自我調節的脈絡中，需要進行短期調節時，妥善設計情境的線索、有效配置就成了關鍵。

舉例來說，若一年內將面臨重要的考試，最好將所有與考試無關的線索都從眼前清除掉，並將準備考試時需要的資料，或具體行動計畫擺在容易看見的地方。因為調節短期的行為時，環境或情境訊號的影響大於信念和意志。事先設定執行意圖也非常有效，如此一來，追求目標的行為就會自動發生。

相反地，如果想從長期調節下手，使想法和行為一致，就需要確立並套用價值或目的。為了進行日常管理，設定能提高執行可能性的環境固然必要，但為了做出有利於未來的選擇，也必須確立自己的價值或目的。

經營美好的人生，Why（高級別解釋）與How（低級別解釋）兩者皆必要。

第七章
一天比一天更清晰

無法扭轉開頭，
但可以改變結局。
——C・S・路易斯（C. S. Lewis），
威爾斯裔英國作家

92 不想被情況左右

「真希望以後可以不再被動搖。」

我們總希望內心能平靜如水。不被情況左右，維持專注的狀態有多麼困難呢？但其實答案非常簡單，就是「全心全力地去做每天該做的事」，不做他想，全神貫注在眼前的事情上。

並不是唯有內心平穩才能持續做某件事，事實上恰好相反，是每天做的事使你安穩沉靜。

把容易破碎或散落的內心牢牢繫緊的樁柱，不是其他，正是你在目前的生

活中所做的事，無論是洗碗、打掃、走路、開會或填寫文件……，都是你「全心全意去做的事」。

93 無心做事的時候

對於情緒起伏嚴重、容易衝動去做或不做某件事的人來說，最迫切需要的，莫過於能穩住心緒的具體行動。

「我想做這件事嗎？」「現在非做不可嗎？」「我有心情做這件事嗎？」

這類人在做某件事時，會認為自己需要整理心情，因此「心情是否對了」就變得很重要。所以，他們反覆發生原本想做某件事，卻認為自己「現在無心做這件事」，於是中途放棄的情況，並導致必須做的事堆積如山。最終，當自己的情緒乘載了更多的重量，導致心情不佳、提不起勁時，他們就會忍不住擔憂：「為什麼心情這麼糟？為什麼這麼有氣無力？我完全不想做事，這下該怎麼辦？」

這是對心情施加重量，使自己成了心情的奴隸。而且，不是單純不去做就沒事了，原本承諾要做的事卻突然不想做、放著不管，往後對自己的不信任與自責感就會使自己變得更加混亂。

因此，如果不想被心情、欲望、做或不做的念頭左右，反而應該將那種感覺或想法擱置一旁，並養成習慣，按時去做該做的事。一旦體認到「不管我喜不喜歡，該做的事都非做不可」，反而比較不容易被自己的情緒牽動。一旦產生了「就算這樣，我還是會做該做的事」的信任感，自己就會變得篤定踏實。就算一時感到不自在、不樂意去做，卻仍達成答應自己的行為，並透過這個過程信賴、依靠自己，反而能讓你掙脫心情的干擾。

別費心去改變情緒或心情，試著以全心全意的態度去做決定好的事吧。假如你已經吃飽飯，那就去洗碗、刷牙；假如已經約了朋友見面，就把注意力全數放在與朋友見面和對話上。一旦把注意力集中在「行為」上，在不知不覺中，就會減少受到微妙情緒或心情的影響；如此一來，中斷、取消或敷衍做完事情的情況會減少，對自己的不信任或厭惡感也會降低。接受情緒本身，說好要做的事也誠心誠意去做，必要時，也可以等以後有餘裕時，再好好安撫情緒。

94

看似懶惰的完美主義者

具有完美主義傾向的人，有時會為了「以後再澈底去做」而擱置眼前說好要做的事。表面上，這種行為看似懶惰，但實際上是「為了做得更好」而持續延宕。

只不過，如果不按時去做該做的事，不斷拖延，後來才手忙腳亂地完成，這種情況累積久了，就會對自己失去信任，也會時時焦慮不安，深怕何時又會面臨相同情況而戰戰兢兢。雖然擔心「如果不能如期完成該怎麼辦？」但又沒辦法改善延宕的症狀，導致最後一刻才臨時抱佛腳，形成惡性循環。

這是因為身體已經習慣拖到想要澈底去做的時候。相較於「實際去做」，這種人總是「停留在空想階段」。**當想法遠遠大於行動，看不到成果，自然就會感到不安或憂鬱。因此，這時需要的是按照我目前的水準、能力，帶著「先做就對了」的想法輕鬆去做。**

因為渴望得到比付出的努力更好的結果，所以才會感到不安。反正任何事都是一分耕耘、一分收穫，我的水準在哪裡，就會得到相對應的結果，所以就先收起有關未來的想法，暫時關掉所有判斷，鼓勵自己全神貫注在此時做的事情上。

帶著一顆純粹的心專注在行為上，時間久了，就會形塑新的習慣。當新的行為模式一再反覆，腦神經也會發生變化。改變大腦的，不是很快就消失的模糊想法，而是親自身體力行、多次反覆的行為。

95 每天做的事造就了我

日復一日地做某件事，不單純只是有規律地反覆去做，而是替大腦連接全新的神經系統，替身體開闢新的道路，因此，它會如呼吸般理所當然，讓你在早晨睜開眼睛的那一刻就自然想起。你會時時刻刻將它記在腦中，要是一天不做，就會感到渾身不對勁。

即便如此，也不意味著你每次都會自動自發。有時你會不想做，也會有不順利的時候，又或者因為絲毫沒有進展而感到心情沉重，但就算是這樣，你依然會做下去。無論喜歡或不喜歡、順利或不順利，你都會全心全意投入，日復一日地做下去。

你每天都會做哪些事？

每天做的事，會造就你這個人。

日復一日的行為，會成為你的言語，你的想法，你的情緒。

它會成為你的習慣，你的命運，你的身分認同。

你，等於你每天做的事情。

許多人會因為當下心情不對而拖延，
為了做得更完美而拖延，
但重要的是無論喜歡或不喜歡、順利或不順利，
都帶著「先做就對了」的想法去做。
你就等於你每天做的事情。

96 遇見某個人的每一天

有兩名藝術家總令我悸動不已，分別是鋼琴家金善旭和日本花式滑冰選手宇野昌磨。當我在寫作碰到瓶頸或需要活力時，我就會聆聽金善旭的鋼琴演奏，或觀賞宇野昌磨的花式滑冰影片。

金善旭的指尖在鋼琴鍵上掌握整個舞臺，宇野昌磨的一雙腿則在滑冰鞋內掌控整個滑冰場。他們的一舉手一投足是如此流暢有力道，使舞臺被澈底填滿，沒有一絲縫隙，就好像不是金善旭在彈奏鋼琴，而是鋼琴牽引著金善旭的指尖；不是宇野昌磨在滑冰，而是滑冰鞋帶著宇野昌磨在奔馳。從接觸的第一刻開始，我就被他們的表演深深吸引，進入渾然忘我的境界。

我很好奇是他們身上的什麼震撼了我。

他們是什麼樣的人？既然能夠呈現近乎完美的表演，那他們經歷了什麼樣的日常，有過什麼樣的歷史呢？我試著找了過去刊登在報章雜誌上的訪談。果不其然，他們的日常生活都只投注在練習和訓練上。假如這兩人預定一天的練習時間為三小時，那麼無論有什麼事情，他們都一定會練足時間。無論狀態好不好、練習是否順利，每天都在固定的時間內投入練習。經過反覆苦練所打造出來的身心，造就了渾然天成的流暢演奏和表演。

金善旭素有完美主義者之稱，他曾以持續鍛鍊指尖動作的「附點練習」聞名。根據鋼琴家的說明，這是一種猶如田徑選手背著沙包奔跑、必須承受相當程度的疲勞感和枯燥感的訓練。為了不錯過每天固定的練習量，金善旭甚至不去沒有鋼琴的地方旅行。

宇野昌磨也不相上下。有一次他到法國巴黎參賽，有位記者問他，在巴黎參加比賽與在故鄉名古屋有什麼不同，宇野昌磨笑著回答，因為都只在比賽場地和飯店之間來回，所以「沒有任何不同」。確實，即便是青少年時期，在他勇奪獎牌之後，當記者訪問他：「現在想做什麼呢？」他也只搔了搔腦袋說：「我想去滑冰。」

聆聽金善旭的鋼琴演奏或觀賞宇野昌磨的滑冰表演時，某種能量和力量就會傳遞到我身上。雖然兩人的天賦都是與生俱來，從小就享有天才的美名，但能帶來感動的表演，關鍵是填滿日常生活的練習。在他們取得的璀璨成就背後，是誠心誠意面對事情的態度、擇善固執的努力，以及一絲不苟的訓練。我對他們的執著和追求完美的精神懷抱敬意。那股傳遞到我身上的強烈衝擊，不僅來自於縱橫整個舞臺的技藝，同時也包括了他們日積月累的能量。當我們遇見一個人時，也等於遇見了他從過往累積至今的每一天。

97

每天去做，因而變得清晰的事

我並非擅長寫作的人，仍日復一日地投入寫作。

世上有些事物稍縱即逝，有些事物卻亙古不變地留在原地。

每天持續做某件事的人，
會逐漸看清，哪些是稍縱即逝之物，
哪些是不會來去無常的事物。

98 思索死亡，等於思索人生

「人生不過是四處走動的影子，是在有限且短暫的舞臺上趾高氣揚、心急如焚，但很快地又在舞臺後方消失無蹤的可憐演員。」

這是莎士比亞四大悲劇之一《馬克白》，第五幕第五場的臺詞。

每個人都知道，我們終有一死，而且絕對無法預測死亡何時到來。儘管所有人都難逃一死，無一例外，但我們卻不常談論與死亡有關的事情。舉例來說，關於上大學、結婚、生孩子、養育孩子等，我們會向親朋好友尋求許多建議，計畫、琢磨該這樣或那樣做，卻不曾對死亡做任何準備。

我們活得好像死亡永遠不會到來似的，直到某一天它驟然降臨，我們才面露厭惡之情，渾身打起哆嗦，慨歎不已。別說是討論什麼才叫做善終了，我們甚至不會對此交換意見。

但有死才有生，為死亡做好準備等於整頓人生。「該怎麼做才是善終？」與「該怎麼做才稱得上是精采的人生？」並無不同。世界運轉的速度太快，人們總是在汲汲營營追求著什麼。究竟是外面世界變化得太快，以至於我們無法回顧自己的人生？又或者是為了遺忘自己被判下緩刑的事實，於是我們一次又一次搭上雲霄飛車？

99

沒有什麼是理所當然的

「無論你察覺與否，奇蹟時時刻刻都在發生。」

日本道元禪師所說的這句話，在我內心掀起了漣漪。當我們傷到了腳，為了無法正常走路而生氣時，那是因為我們誤以為正常的雙腿是「原本」的事物。因為我們視其為理所當然，才無法察覺它其實是一個「奇蹟」。

此時能呼吸是一種奇蹟，能走路是一種奇蹟，能夠與其他人見面，看著彼此交談亦是一種奇蹟。**每一個瞬間都是奇蹟。**

100

只靠空想，無法帶來迫切感

偶爾我會碰上為了尋求「迫切的願望」或人生目的而徬徨無助的人，可是，在開始做某件事之前，光憑空想是無法帶來「迫切感」的。當你持續做某件事，迫切的心才會於焉產生。基於這種原因，聖賢才會強調「每日躬身實踐」的道理，這指的是超越做得好壞、順利與否的層次，日復一日去做的行為。一天接著一天去做，便會散發幽香，蘊含誠心誠意。在我身處之地、在我做的事情之中自然發現的東西，即是人生的目的與意義，而它並不是透過空想或觀察就能找到的。

無法全心投入眼前的情況、徒增空想，是因為對目前的條件感到不滿足。我們經常會比較他人與自己的處境，為此懊悔或衍生無數空想。因為心有不滿，所以經常會在現實中跌倒，卻看不到自己手中掌握的資源；因為認為自己的現實潦倒寒酸，因此四處徘徊，尋找比我更好的人、更好的地方。但是，每個人都有各自要跨越的山頭。有些人面對的是崇山峻嶺，有些人面對的則是如自家後山的緩坡；有的人是用走的，有的人是用跑的，有些人則是仰賴單腳前行；有些人操作重型機械挖掘土堆，開闢道路，有些人則是利用湯匙般大小的鐵鏟挖土前進。

人生中沒有白吃的午餐。把自己擁有的條件當成土壤，默默地盡到本分，這樣的人會隨著時間自然地開花結果，也會在過程中自然而然地發現人生的意義或目的。比較著自己和他人的土壤，為此自責與懊悔的人，往往顧著觀賞他人的果實和花朵，最後與自己的人生失之交臂。

在我身處之地、在我做的事情之中自然發現的東西，
即是人生的目的與意義，
而它並不是透過空想或觀察就能找到的。

101

若想要持續不懈

為了持續不懈地做某件事，需要仰賴這樣的決心：明確知道自己的方向或志向，但要暫時放下想靠它獲得什麼、達成什麼等算計的念頭。唯有如此，才能全心投入實際從事的行為之中。

若是心中存有「必須得到這個、達成這件事」的算計，無法如願時，內心就會頓時化為散沙，因而無法繼續從事該行為。所以人會半途而廢，開始尋求其他目標，並陷入「尋找、投入、中途放棄、再另尋出路」的無限循環之中。

102 持續搖動扇子的意義

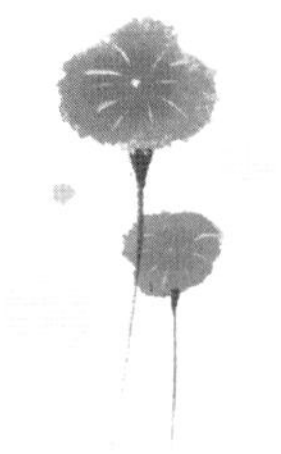

中國唐朝時，有位僧侶來到搖動扇子的麻谷禪師面前，問：

「師父，風兒本來就會不斷抵達世界各個角落，您何必要搖動扇子呢？」

麻谷禪師回答：

「你明知風兒不曾止息，卻不明白抵達世界各個角落的涵義。」

僧侶又問：

「那麼，抵達世界各個角落所言為何呢？」

麻谷禪師一言不發地繼續搖動扇子。

這時，僧侶有所頓悟，恭敬地行了個禮，退下了。

每個人都有真實的本性，但缺少每日的修行就無法悟道。搖動扇子是能實際感受風之吹拂的行為，被用來比喻坐禪。正如同聽聞如何搖扇子的方法，也不會因此變得涼爽；學習有關坐禪或冥想的方法，也不等同於修行，這些，都只能自行在人生中實踐。

103

問題不存在，人生也就不存在

如果能夠達成某件事或獲得更多，滿足感就會提升嗎？絕對不是。我們無法預測明天的此刻會經歷什麼事，就連近在眼前之處也無法看清。

「能解決這個問題就好了，真希望不會生病，要是家人能平安無事，那該有多好啊……。」只要稍微產生這種念頭，不滿足的問題就會翩然降臨，這都是因為我們是時間性的存在，我們存於變化之中。**問題不存在，人生也就不存在。問題既然已經準備好，正視並接受它，痛苦才不會擴大。**我們只能每天竭盡全力，至於澈底根除問題、不讓問題再次發生的幻想，只會使問題更嚴重。

104

看得夠深入，才能一視同仁

你曾經深入端詳自己嗎？想要更理解自己，就必須走進深處，細細檢視。

日本禪師片桐大忍曾說過這樣的話：

「想要深入理解人類（自己）的人生，就只能走進更深處。人生的深度就等於你的目的地，但不可對此產生執著。時時走進你的人生深處吧，這是心靈的人生。透過靈性訓練，能使你的人生更有深度，你將會真正體認到人生底層究竟有什麼。」

為了了解自己的底層有什麼，必須仔細傾聽自身各部分的動力與經驗，深入探索，但不可執著於任何主題、感受、情緒、想法或感覺，必須公平客觀、一視同仁，以中立不偏頗的視角關注。唯有如此才能進入更深處，和完整的、真實的我相遇。

很矛盾的是，**我們之所以必須深究內在的原因，是為了不以物喜，不以己悲**，是為了能一視同仁。為此，就必須走進深處。我們必須以體驗者而非觀察者的身分親自步入其中，卻不該受任何事物羈絆，不該過度熱中、糾纏或執著。只要持續往前進，就會抵達自己的底層，並在過程中體驗到真實的我、虛空與光明。

105

在抓住與放下之間

姜峯楠[5]的短篇小說《巨大的沉默》（*The Great Silence*）中有這麼一句話：

「Aspiration，它具有『渴望』與『呼吸』兩種意思，並非出自偶然。」

在呼吸的行為中，Aspiration 尤指吸氣。吸氣是指抓住，吐氣是指放下，而在抓住與放下之間，存在著我們的人生。我們必須清楚知道何時該抓、何時該放，收放自如，人生的呼吸也才會順暢。

心生企盼、編織夢想、產生欲望固然重要，但如果對於該放手的人事物糾纏不清，終究只會帶來痛苦，甚至因此生病。我們無法持續吸氣，只有吐氣才能再次吸氣，完全吐氣之後，氣就會自然進入鼻腔。

只要我們活著，不需要特別費力，氣就會自然進入，這是人生的機會再度到來的驚人瞬間。

當欲望太過強烈，內心因此心急如焚或煎熬不已時，把重心放在吐氣，進行放下、清空的練習，有助於改善情況。相反地，假如內心沒有任何欲望、凡事意興闌珊時，就練習去捕捉吸氣的時候，體內能量湧現、清晰感受到生命力的瞬間，它會帶來顯著的效果。另外，許多時候，光是靜靜坐著呼吸就已足夠。

5 美國科幻小說家，曾獲星雲獎、雨果獎等，著有《妳一生的預言》、《呼吸》。

106 自己捏造出來的電視劇

我生性懶惰，所以做不到；我的自尊感低，所以做不到；我天生愚鈍，所以做不到；因為有過那種經驗，我才會如此不幸。我們家、我們的社會、我們的國家，就是因為這樣或那樣才不行……。

這一切不過是在對往事的判斷上，再加諸另一種判斷的「觀念」罷了，只要離開了觀念，它就失去了形體，所以這一切只是我所捏造出來的電視劇。許多時候，我們彷彿編寫出一齣電視劇並作繭自縛，明明是自己編寫的電視劇，卻期望有人（朋友、家人、伴侶、同事、前輩、老師、宗教等）能代替我解開這一切，換成更好的選擇，這樣的願望是很難實現的。

停止播放名為「過去」的這齣電視劇，全心全意去做現在能做的事，是使我們的人生有如直播節目般生動的方法。

許多時候，我們彷彿編寫出一齣電視劇並作繭自縛，
還期望有人能代替我解開這一切，換成更好的選擇，
這樣的願望是很難實現的。

107

始於期待感的幻想

諷刺的是，眾多錯誤的行為是源自期待感。沉浸在對他處而非此處、對未來而非現在的幻想中，產生了違背事理的行為、錯誤的判斷與錯誤的關係。

「此人」正活在「此刻」、「此地」。

只要不錯過這三項，你就能持續活出睿智的人生。只要你不逃避，不要把期望放在他處、他時、他人身上，就不會被虛妄的期待感或不切實際的承諾欺騙、被其操控，你將會看到事情的原貌。

108 回歸自己

觀察深陷憂鬱、不安、恐懼或擔憂的人們的意識狀態，可以發現兩個共同點。第一，我和該「對象」（或問題）是切割開來的；第二，注意力非常狹隘，對於該對象（或問題）相關的線索極為敏感。我們可說這是一種整體（脈絡）的消失，只有部分（內容）覺醒的狀態。

另一方面，頓悟之人的意識狀態則有兩個特徵。第一，因為深知所有環節都是牽一髮而動全身，所以不會將自己和問題切割開來。既然不會將兩者區分來看，自然不會產生判斷，不需要竭力壓抑。第二，因為能見微知著，從部分看到整體，因此注意力的焦點很清晰，且涉及廣泛。雖然全副心思都放在此刻發生的部分（內容）上面，但整體（脈絡）也存乎意識之中。

明白我與該對象（或問題）原本就密切相連、兩者並不是分開的，這時就能回歸自身。**與自己真正合一時，就沒有另外的主體和對象，因此愛自己或恨自己的說法就不成立**，也沒有自尊感高低之分。當涼風輕輕拂過臉龐時，當鳥兒輕快的啼叫在耳畔響起時，當我們欣賞美麗的野花露出燦爛笑容時，我們將與之合而為一，那即是真正的我。

109

覺察來去無常的事物

一個念頭、一句話、一個行動都會留下痕跡，它們雖然會逝去，卻不曾消失。所以，即便意想不到的事情發生在我們身上，那也都是先前的一個念頭、一句話或一個行動的痕跡延續下來所造成的。

果實均有種子，事件均有徵兆，只是我們沒有看見罷了。因此，我們必須覺察、理解平時來去無常的事物。

來去無常的事物本身並不等於我，它是造就我的媒介。

110

整合的旅程

來心理諮商的個案最渴望的，是有人能準確無誤地懂他，與他產生共鳴。就是因為自己經歷的事、過往的經驗不被接受，所以才會尋求諮商，希望有人能夠理解。「要不是那件事，現在我早就翻身了。」「要不是那個人，我才不會這麼一敗塗地。」「我當初就不該那樣做，為什麼我會那麼愚蠢呢？」許多人就像置身轉動的倉鼠滾輪中，不斷反芻自責、埋怨、懊悔、煩躁與憤怒的情緒，將自己囚禁在想法的牢獄之中。

以專業知識、學位、各種證書和頭銜來包裝自己的諮商師，甚至也會誤以為自己能以專家的身分提供什麼，所以我們解釋各種擺脫思想囹圄的方法，鼓勵個案走出來。諮商師是站在牢獄的外面提出建言，而個案憑藉直覺感受到這點，所以他們即使對努力想幫助自己的諮商師心存感激，但並不認為對方真正理解自己的情況。

無法走出想法的牢獄，並不是因為不懂方法，也不是未能充分了解跨出去會比較好，而是因為有尚未解決的課題，難以理解、消化、接受發生在自己身上的事，所以才會動彈不得。如果對那樣的人說：「來吧，過去已逝，現在就走到牢獄外面吧，專注當下！」無疑是要讓當事者對自己的經驗產生不信任。

諮商師不該站在牢獄的外面提出建言，應該欣然地走入個案的牢獄。為了理解其經驗，就應該身臨其境，陪伴個案一起置身其中，幫助他解開不肯放手的課題，並伴隨他一起走過「為什麼這種事會發生在我身上？」「為什麼我還在這裡鑽牛角尖？」「為什麼我還在原地打轉？」等疑問。

諮商師必須和個案一起探討，是什麼讓他走進牢獄之中，那座牢獄是什麼樣子，牢獄中的人生又是如何。如此一來，在心中凝結的傷口才會緩緩化為一道光芒。在過程中，個案得以更深入理解自己，人生中許多懸而未決的部分也能迎刃而解。

日本僧侶內山興正曾說：「我的人生經驗就等於內心。」人生中發生的一切會替我們大腦的神經系統重新配線，對細胞和其他物質造成影響。即便說經驗會改變大腦、打造身心也不為過。看起來雖是雞毛蒜皮的小事，但它們累積起來之後會形成「我」。一句話、一個行動、一個事件或一次邂逅，絕對不是微不足道的，原因就在於此。

不單單是親自上門求助諮商師，透過閱讀書籍檢視自己也是相同的，這是一項破解謎團的工作，理解難以接受的經驗具有何種意義。透過這個過程，我們深刻體認到「無法令人滿意的我」、「很差勁的我」、「不夠好的我」的背後還有另一個「我」。那麼，觀點很自然就會改變，我們將不會再對自己的某些部分感到深惡痛絕，竭力想要將其摘除。全然接受發生在自己身上的一切，將散落四處的諸多碎片擁入懷中，逐步整合成恢弘之我的旅程於焉展開。這樣的變化，總是充滿感動，令人嘖嘖稱奇。

111

毫不遲疑，全心全意

我們認為自己活在現實生活中，但許多時候，我們只活在自己的大腦中。

「從現實面來講」這句話說起來容易，但這是出自判斷與期待，而非真正的「現實」。現實是無法如實被說出來，也無法原原本本聽見的，透過說者的濾鏡說出來的話語，會再經過聽者的濾鏡進入耳中。任何人都無法訴說現實，聽見現實，我們無法仰賴言語和想法捕捉現在。

因此，各種話語說的都是過去，或是未來。倘若「判斷」是關於過去的想法，「期待」就是關於未來的想法，因此，哪怕只是短暫的瞬間，如果想要在目前的人生中保持清醒，就必須將言語和想法全數放下。倘若你能不抱持任何判斷和期待，全心全意地投入此時正在做的事情，就能和此時此刻澈底合而為一。你不會跑到過去，也不會跑到未來，而是在當下澈底發光發熱。

許多人說，想了解人生意義或目的、自己活下去的理由，以及關於真正的自己，於是不斷反芻思考，可是，那條路絕對不會存在於「想法」之中。越是頻繁地思考關於「我」的一切，只會變得更加混亂，遠離真正的自己。無論用再光鮮亮麗的話語去定義、說得煞有介事，你終究不在那種想法之中。當你想著：「是這樣嗎？」另一種樣貌就會冒出來，當你想著：「是那樣嗎？」又會有另一種樣貌冒出來。

人生瞬息萬變，稱為「我」的一切也與時間的洪流沒有分別。可是，若是試圖以想法打造自己、規範並控制人生，時間久了，腦中就會變得充滿千頭萬緒，人生也會迷失方向。你的雙腳將會飄浮在空中，為過去懊悔不已或陷入對未來的空想之中。

當我們對眼前的現實全神貫注，充分活出每一刻，真正的我就會現身。**我們猶如一枚燭火，不該再左顧右盼，而應該義無反顧地澈底燃燒。啪！我們應該點燃火苗，將至今背負的一切在此時、此生燃燒殆盡。**你的真實樣貌，就存在於全然活著的瞬間。如果不在此時此地，那它也不會在任何地方。

正如同過去造就了「我」，從今而後的經驗也將持續塑造「我」這個人。在名為人生的電視劇中，縱使無法改變開頭，但結局是可以改變的。眼、耳、鼻、口、身體、想法，我們就活在這裡面。這就是我們為什麼必須縝密地檢視身體與內心發生了什麼事的原因。透過這個過程，我們每天不斷地塑造自己。

結語

透過脆弱，建立彼此的連結

本書中的眾多故事，來自於我所遇見的諸多良師。回首來時，每個轉角處總有良師駐足。有許多時候，我沒認出那些人是我的良師，於是衝動頂撞、心懷憎恨，或犯下妄自評斷的愚昧行為。我的身邊處處是良師，卻老是抱怨自己沒有一個值得學習的對象。過去，因為我胡亂揮舞刀刃，讓許多良師往後退或轉過身離去。我將自己的行為合理化，說那些人的格局不夠大，卻不知道該如何理解、化解自己的攻擊性。

直到某一天，我遇見了即便遭受我的攻擊也沒有反擊的人。那個人沒有採取防禦姿態，也沒有閃避，只是平心靜氣地告訴我，我說的話讓他產生了什麼樣的情緒，僅此而已。可是，驚人的事情發生了。那一刻，我感覺到體內有一股尖銳的刺痛感，對方因我的攻擊性話語所受的傷，我也在自己體內同樣感受到了。這種經驗還是第一次。瞬間，我澈底解除了武裝，我不再像其他時候一樣，需要合理化自己的立場。這時，我才能原原本本地看到自己，也才領悟到我的攻擊性是源自哪個脆弱的部分。

那天晚上，我流下許多淚水，透過與那個人相處的經驗，我體會到我和他人並不是分開的，也沒有所謂的加害者與被害者。佩瑪．丘卓曾經說過：

「靈魂的知己並不是認同你的存在，而是顯現你此時有哪個部分堵塞，如鏡子般的存在。」

真正的朋友，並不是無條件稱讚、為你加油、滿嘴甜言蜜語的人，他會讓你看見自己的脆弱，以及過去至今想隱藏的一切。別打破鏡子，說討厭看到自己映照在鏡子中的模樣，你應該用冷靜的眼光洞悉自己，溫暖地接納它，讓它成為自己的一部分。在過程中，我們能夠真正理解自己，與自己和解，這也是和自己擁有深度連結的關鍵方法。

每個人均是完整的。每個諮商個案並不是因為具有致命性的問題，或過去是受害者才求助於諮商心理師，他們是為了理解自己的人生而來。從事諮商工作以來，我從來不曾見過與我截然不同或無法理解的怪人。他們始終是我的一部分，他們的痛苦等於我們的痛苦。儘管讓某人見到自己不經修飾的素顏時，我們總會感到有障礙、渾身不自在，但真正的心靈交會，也將伴隨這種不自在的感覺而來。透過分享傷痛與挫折的意義、人生奧祕的過程，我們以自己的一部分遇見彼此。倘若我們沒有任何脆弱之處，一開始也就不需要「關係」這種玩意了。**正因為每個人都是脆弱的，所以我們才建立起連結，並透過脆弱，領悟自己和他人並不是分開的，我們，是映照彼此的一面大鏡子。**

感謝我的家人，當我為了遲來的學業之路而手忙腳亂時，他們總默默地支援我。爸、媽、允珠和允珠的爸爸，多虧你們的信任與耐心等待，我才得以順利完成學業。此外，感謝在我攻讀碩士、博士學位的過程中，始終陪伴我的摯友李映林老師，同時也要感謝在我深感吃力時，帶給我莫大力量的啟秀姐、美妍姐。假如沒有這些珍貴的好友和家人，我恐怕無法走到這裡。

在此也要感謝龍文諮商心理研究所的梁惠晶教授，感謝您在我對論文一竅不通時給予詳盡的指導，如果沒有教授，我就沒辦法順利完成碩士學業。當我心生動搖時，您總是沉穩地信任我，不曾試圖說服或給我建言。您堅定的微笑宛如一盞明燈，陪伴我從過去到現在的旅程。感謝替我與CHA醫科大學牽線的姜民哲教授，以及在攻讀博士學位時指導我的尹靜惠教授。兩位都是宅心仁厚的良師，過去我總是單方面接受的一方，終有一天，我必定會報答這份恩情。

同時也要感謝與我一起分享關於人生、關於諮商的一切，身兼良師與益友的 Lemonade 心理諮商所所長趙成勳教授，在教授的教導下，我接觸了內在家庭系統治療法（IFS）。IFS是一種窺探內在、幫助理解內在的極有效方法，它為我提供了一個決定性的契機，幫助我找到將諮商心理學的理論與佛教觀點圓融銜接起來的接合點。

在此向至今為止所有支持過我、憎恨過我的人致上深摯的謝意。

參考文獻

1. 金炫（2015）。《幸福讀書》，文化與知性社。
2. 邊池盈（2014）。《給總是擋住前路的自己》，Cassiopeia。
3. 邊池盈（2017）。《閱讀內心的時間》，The Quest。
4. 白尚炫（2017）。《拉岡的人類學》，雨果出版社。
5. Suzuki, S. (2003). *Not always so: Practicing the true spirit of Zen.* HarperOne.
6. Goldberg, N. (1986). *Writing Down the Bones: Freeing the Writer Within.* Shambhala.
7. Higgins, E. T. (1998). Promotion and prevention: Regulatory focus as a motivational principle. *Advances in experimental social psychology, 30*, 1-46.
8. Ferrante, E. (2016). *Frantumaglia: A Writer's Journey.* Europa Editions.
9. Mourby A. (2017). *Rooms of One's Own: 50 Places That Made Literary History.* Icon Books.
10. Hanh, T. N. (2010). *Peace is every step: The path of mindfulness in everyday life.* Random House.

11. Chödrön, P. (2001). *Start Where You Are: A Guide to Compassionate Living.* Shambhala.
12. Oughourlian, J. M. (2007). *Genèse du désir.* Carnets Nord.
13. Girard, R. (1999). *Je vois Satan tomber comme l'éclair.* Grasset.
14. Girard, R. (2001). *Celui par qui le scandale arrive.* Desclée De Brouwer.
15. Girard, R. (2011). *Mensonge romantique et vérité Romanesque.* Fayard/Pluriel.
16. Loori, J. D. (Ed.). (2004). *The art of just sitting: essential writings on the Zen practice of Shikantaza.* Wisdom Publications.
17. Katagiri, D. (2017). *The Light that Shines through Infinity.* Shambhala.
18. Tanahashi, K. (Ed.). (2013). *Treasury of the True Dharma Eye: Zen Master Dogen's Shobo Genzo.* Shambhala.
19. Bargh, J. (2017). *Before You Know It: The Unconscious Reasons We Do What We Do.* William Heinemann.
20. Neal, D. T., Wood, W., Wu, M., & Kurlander, D. (2011). The pull of the past: When do habits persist despite conflict with motives?. *Personality and Social Psychology Bulletin, 37*(11), 1428-1437.

21. Stern, C., Cole, S., Gollwitzer, P. M., Oettingen, G., & Balcetis, E.(2013). Effects of implementation intentions on anxiety, perceived proximity, and motor performance. *Personality and Social Psychology Bulletin, 39*(5), 623-635.

22. Gallo, I. S., McCulloch, K. C., & Gollwitzer, P. M. (2012). Differential effects of various types of implementation intentions on the regulation of disgust. *Social cognition, 30*(1), 1-17.

23. Adriaanse, M. A., de Ridder, D. T., & de Wit, J. B. (2009). Finding the critical cue: Implementation intentions to change one's diet work best when tailored to personally relevant reasons for unhealthy eating. *Personality and social psychology bulletin, 35*(1), 60-71; Cohen, A. L., Bayer, U. C., Jaudas, A., & Gollwitzer, P. M. (2008). Self-regulatory strategy and executive control: Implementation intentions modulate task switching and Simon task performance. *Psychological Research, 72*(1), 12-26; Holland, R. W., Aarts, H., & Langendam, D. (2006). Breaking and creating habits on the working floor: A field-experiment on the power of implementation intentions. *Journal of Experimental Social Psychology, 42*(6), 776-783.

24. Verplanken, B. (2006). Beyond frequency: Habit as mental construct. *British Journal of Social Psychology, 45*(3), 639-656.

25. Mann, T., De Ridder, D., & Fujita, K. (2013). Self-regulation of health behavior: social psychological approaches to goal setting and goal striving. *Health Psychology, 32*(5), 487-498.

26. Trope, Y., & Liberman, N. (2010). Construal-level theory of psychological distance. *Psychological Review, 117*(2), 440-463.

27. Bar-Anan, Y., Liberman, N., & Trope, Y. (2006). The association between psychological distance and construal level: evidence from an implicit association test. *Journal of Experimental Psychology: General, 135*(4), 609-622.

28. Fujita, K. (2008). Seeing the forest beyond the trees: A construal-level approach to self-control. *Social and Personality Psychology Compass, 2*(3), 1475-1496.

29. Fujita, K., & Carnevale, J. J. (2012). Transcending temptation through abstraction: The role of construal level in self-control. *Current Directions in Psychological Science, 21*(4), 248-252.

30. Fujita, K., Trope, Y., Liberman, N., & Levin-Sagi, M. (2006). Construal levels and

self-control. *Journal of personality and social psychology, 90*(3), 351-367.

31. Freitas, A. L., Salovey, P., & Liberman, N. (2001). Abstract and concrete self-evaluative goals. *Journal of personality and social psychology, 80*(3), 410-424.

32. Howell, J. L., & Shepperd, J. A. (2012). Reducing information avoidance through affirmation. *Psychological science, 23*(2), 141-145; Trope, Y., & Neter, E. (1994). Reconciling competing motives in self-evaluation: the role of self-control in feedback seeking. *Journal of personality and Social Psychology, 66*(4), 646-657.

33. Watkins, E., Moberly, N. J., & Moulds, M. L. (2008). Processing mode causally influences emotional reactivity: Distinct effects of abstract versus concrete construal on emotional response. *Emotion, 8*(3), 364-378.

34. Sieber, W. J., Rodin, J., Larson, L., Ortega, S., Cummings, N., Levy, S., et al. (1992). Modulation of human natural killer cell activity by exposure to uncontrollable stress. *Brain, behavior, and immunity, 6*(2), 141-156.

35. Tanahashi, K., & Levitt, P. (Eds.). (2013). *The essential Dogen: Writings of the great Zen master.* Shambhala.

36. Chiang, T. (2019). *Exhalation.* Knopf.

HEART
心|視野　心視野系列 100

比起喜歡自己，我有更多討厭自己的日子

厭世、躺平也沒關係，擁抱陌生自我的111個接納練習

내가 좋은 날보다 싫은 날이 많았습니다 : 완벽하지 않은 날들을 살면서 온전한 내가 되는 법

作　　者　邊池盈（변지영）
譯　　者　簡郁璇
封面設計　鄭婷之
內文排版　楊雅屏
責任編輯　陳如翎
行銷企劃　陳豫萱・陳可錞
出版二部總編輯　林俊安

出版者　采實文化事業股份有限公司
業務發行　張世明・林踏欣・林坤蓉・王貞玉
國際版權　林冠妤・鄒欣穎
印務採購　曾玉霞
會計行政　王雅蕙・李韶婉・簡佩鈺
法律顧問　第一國際法律事務所　余淑杏律師
電子信箱　acme@acmebook.com.tw
采實官網　www.acmebook.com.tw
采實臉書　www.facebook.com/acmebook01

I S B N　978-986-507-855-3
定　　價　380 元
初版一刷　2022 年 6 月
劃撥帳號　50148859
劃撥戶名　采實文化事業股份有限公司
104 臺北市中山區南京東路二段 95 號 9 樓
電話：(02)2511-9798　傳真：(02)2571-3298

國家圖書館出版品預行編目資料

比起喜歡自己，我有更多討厭自己的日子：厭世、躺平也沒關係，擁抱陌生自我的 111 個接納練習／邊池盈（변지영）著；簡郁璇譯. -- 初版. -- 臺北市：采實文化事業股份有限公司，2022.06
304 面；14.8×21 公分. --（心視野系列；100）
譯自：내가 좋은 날보다 싫은 날이 많았습니다 : 완벽하지 않은 날들을 살면서 온전한 내가 되는 법
ISBN 978-986-507-855-3（平裝）
1. CST：自我實現　2. CST：自我肯定
177.2　111006696

采實出版集團
ACME PUBLISHING GROUP